ПОЧТО

дрес отправителя

Moscou-Paris
Un aller simple

Conception graphique
Sandra Musy

Suivi éditorial
Alix de Sanderval & Hélène Bigot

Couverture
Archive privée

Photographies intérieures
Collection privée

41, rue de Richelieu – 75001 Paris.
micheldemaule.com

Elena Balzamo

Moscou-Paris
Un aller simple

MICHEL DE MAULE

Collection
je me souviens...

dirigée par Marc Bressant
& Denise Decornoy

Marc Bressant
Les Funérailles de Victor Hugo

Edouard Dor
Quand penser en Chine se disait Mao

Moncef Guellaty
Tunis 2011, le pouvoir piégé par la Toile

Martine Rouart
La Cuisinière de Mallarmé

Gérard Saint-Paul
L'Agenouillement au ghetto

Marlène Belilos
Le Yacht du roi Farouk

Dans ma famille, on ne parlait pas du passé. Il ne me serait jamais venu à l'esprit de questionner mes parents ou mes grands-parents ou leurs amis sur ce qu'ils avaient vécu, tellement le risque était grand de franchir quelque ligne rouge, de tomber sur quelque chose d'inénarrable, de se heurter à un silence effarouché.

Donc, je ne posais pas de questions. Sans pour autant me sentir frustrée de quelque savoir essentiel, car, au fond, je savais tout. J'avais vite compris que ce qui leur était arrivé avait déjà été relaté par d'autres. Dans des ouvrages interdits qui circulaient sous le manteau, en samizdat. Il suffisait de lire. Je lisais. Et lorsque plus tard j'ai voulu donner ma propre version du passé, il s'est présenté à moi moins comme une succession d'événements concrets, avérés, que comme une foule de réminiscences littéraires, échos des lectures qui s'étaient gravées en moi, se substituant aux faits ignorés de la vie de mes proches, leur donnant du relief, les complétant.

Avant de me mettre à noter ces histoires, qui jusque-là n'avaient existé que dans ma tête, j'ai, bien entendu, entrepris de vérifier certains points : faits, citations, noms propres. Au cours de ces recherches, je tombais sur des informations qui ne concordaient pas toujours avec la version conservée dans ma mémoire. Après réflexion, je me suis dit : tant pis pour les faits ; il ne s'agit ni d'un récit documentaire, ni d'une chronique familiale, ni d'une « quête des racines » à la mode. J'ai cherché à restituer une ambiance, un sentiment, un état d'esprit : la peur, une de ces choses qui ne se laissent pas facilement cerner et encore moins conserver, ré-éprouvée une fois que les causes ne sont plus là. Surtout lorsque cette peur, qui traverse trois générations d'une même famille, se présente comme une affaire fort ancienne.

C'est pourquoi le lecteur trouvera dans ce qui suit plus d'évocations littéraires que de faits attestés, plus de titres de livres que de noms de personnes, plus de lectures que d'événements. Une déformation professionnelle chez une historienne de la littérature ? En partie, peut-être, mais surtout, me semble-t-il, un moyen d'appréhender l'époque où rien ne se passait à la surface et où pourtant on sentait, sourdement, se remuer les plaques tectoniques du XXe siècle russe.

Bonne enclume
n'a pas peur du marteau

(proverbe italien)

Je dis au revoir à mes parents, nous montâmes dans le wagon avec Oncle Sacha et le train se mit en marche. À part nous deux, il n'y avait dans le compartiment qu'un vieux monsieur qui lisait les journaux. Oncle Sacha m'installa près de la fenêtre et s'endormit aussitôt. Pendant qu'il dormait, je regardais dehors, où tout courait en sens inverse : arbres, buissons, champs, forêts, lacs, et même animaux et êtres humains – c'était captivant, je ne m'en lassais pas. Mais après avoir regardé longtemps, je me sentis fatiguée ; j'enjambai oncle Sacha et m'assis à côté de lui. Il dormait à poings fermés ; moi, je réfléchissais. « On roule, on roule, me disais-je, et on a dû déjà parcourir un long chemin. Oncle Sacha, lui, ne fait que dormir. Et si l'on a déjà dépassé notre gare, si on continue à rouler – qu'adviendra-t-il de nous ?» L'idée me fit peur et je me mis à tirer sur la manche d'Oncle Sacha, qui se réveilla, déclara qu'il n'avait pas fermé l'œil de la nuit, qu'il était très fatigué et que je ne devais pas le déranger. Il sortit de sa valise une grosse pomme rouge: « Tiens, mange-la et laisse-moi tranquille ». Là-dessus, il se rendormit. Je regardai la pomme: elle était belle, toute écarlate. Je commençai par enlever de tous petits bouts de peau, çà et là, et bientôt elle devint toute « pommelée », si jolie que ça faisait pitié de la manger, mais je la mangeai quand même, après quoi je me remis à réfléchir, toujours sur le même sujet: « Oncle Sacha dort, le train roule, à coup sûr on va dépasser notre gare et il ne s'en rendra même pas compte. Probablement, c'est déjà fait, nous sommes en route pour je ne sais où, tandis que lui dort toujours. » Oui, j'ai l'impression que le train vole comme une flèche, de plus en plus vite, vers le bout du monde – c'est cela, on s'y approche, bientôt on sera là, la terre prendra fin et on tombera dans un abîme noir sans fond. Je suis saisie par la peur, ma terreur grandit, j'ai très, très peur !...

L'année est 1907, ma grand-mère a 6 ans. Née avec le siècle, elle est morte en 1977. Après avoir détruit les cahiers contenant ses souvenirs, rédigés peu de temps auparavant. Il n'en subsiste que le début; la narration s'arrête à la fin de son enfance; on n'apprend rien ni sur son adolescence ni sur sa vie adulte. Pourtant, l'explication de son geste se trouve là, dans les années vingt, trente et quarante, période durant laquelle elle était étiquetée « ennemie du peuple » et traitée en conséquence. Son enfance – consignée dans un cahier d'écolier relié en toile cirée de couleur marron, comme la plupart des cahiers de cette époque, qui comportaient quatre-vingt-seize pages et coûtaient 44 *kopeks* – ne laissait en rien présager un pareil itinéraire.

Cependant :

> Et tel le cours d'un fleuve, la rude époque
> avait changé ma vie. Qui désormais avait un
> et d'autres rives… [autre lit

Ces vers d'Anna Akhmatova s'appliquent à des millions de destins, et celui de ma grand-mère, aussi fantasmagorique qu'il paraît, n'avait rien de extraordinaire. Une enfance heureuse dans une famille aisée, cette dernière circonstance explique sans doute qu'elle en parlât peu : moins on évoquait ses origines « bourgeoises » dans la Russie soviétique, plus on avait de chances de ne pas en pâtir. Une famille d'ingénieurs dans une usine de textile à Lodz, en Pologne, cinq enfants, une nounou, une bonne allemande... Sa femme connaissait le polonais, le russe, l'allemand et le français. Selon ma grand-mère, le père souhaitait que « *les enfants apprennent facilement, sans efforts, les principales langues européennes. Dans ce but, nous devions passer deux étés de suite dans les pays concernés. En effet, avec l'aide de notre Elsa, après deux étés passés en Allemagne, nous avions appris à parler couramment l'allemand…* »

À l'époque où je l'ai connue, il ne subsistait rien de cette luxuriante linguistique. Les occasions de pratiquer les langues étrangères faisaient défaut. En outre, ce genre de connaissances menait vite à la découverte d'une origine sociale douteuse, voire à des accusations d'espionnage[1]. Mieux valait les garder pour soi. Dans un essai consacré à ses parents, Brodsky écrit à propos de sa mère : « Elle restait impassible en entendant des phrases en français, dans la rue ou venant d'un de mes amis ; pourtant, un jour, je l'avais surprise avec une édition française de mes poèmes à la main. Nos regards se croisèrent ; sans un mot, elle reposa le volume sur l'étagère et quitta mon *Lebensraum.* » Et je n'étais presque pas étonnée qu'en ouvrant le recueil pour vérifier ce passage, je suis tombée sur les vers d'Akhmatova cités plus haut, appliqués par l'auteur à ses parents : le même sentiment d'avoir affaire à des destins littéralement broyés par l'histoire.

---

1. « On accusait maman d'être à la tête d'un réseau d'espionnage anglais ; on voulait donc qu'elle avoue qu'elle connaissait l'anglais et on l'obligeait à dire "*the table*", ce à quoi elle répondait immanquablement "*der Tisch*" – maman parlait l'allemand, mais pas un mot d'anglais... », lit-on dans les souvenirs de la fille d'une autre « ennemie du peuple » arrêtée en 1938. Derrière cet acharnement, la méfiance des rustres à l'égard du savoir ? l'envie ? la bêtise pure et simple ?

Dans mon enfance, ma grand-mère ne parlait donc que le russe, il en allait de même pour sa sœur cadette, ma grand-tante. De leur mère, mon arrière-grand-mère, il ne me reste qu'un vague souvenir : une très vieille dame, à l'esprit un peu dérangé, dont j'avais peur et qui récitait par cœur les contes de Pouchkine dans une pièce exiguë de l'appartement communautaire dans le centre de Moscou, qui jadis avait été la propriété de la famille.

Mais la famille ne vivait-elle pas à Lodz ? Si seulement, entre l'heureuse enfance polonaise et la suite se place un événement important : la première guerre mondiale.

Au moment où elle éclate, la famille se trouve en villégiature sur la côte baltique d'Allemagne, à Cranz (aujourd'hui Zelenogradsk, en Russie). Les sujets russes (mon arrière-grand-père, du fait que la Pologne faisait partie de l'Empire russe, en était un) sont aussitôt arrêtés et emmenés nul ne sait où ; leurs proches s'affolent. L'histoire est racontée dans un des derniers épisodes des souvenirs de ma grand-mère qui ont échappé à la destruction :

Maman me prit à part et me dit à voix basse : « Parmi les grandes personnes, nul n'arrive à obtenir des informations, on refuse de nous parler. Alors, je me suis dit que peut-être toi tu arrives à apprendre quelque chose sur le sort de papa et des autres. Essaie, va voir Alfred, demande-lui conseil, vous êtes amis, et il se peut qu'il sache quelque chose ; souvent les garçons arrivent à savoir ce que les adultes ne savent pas. »

Alfred (Alf pour ses proches) habite à deux pas de chez nous. Son père et ses deux frères – qui se préparent pour entrer à l'université – sont restés à Berlin. Sa mère et sa sœur m'aiment bien ; rieuses, elles se moquent de moi en m'appelant la fiancée d'Al-

fred. Cela ne me semble pas vraiment drôle, mais je m'en fiche.

J'arrive chez eux. Sa mère ouvre, et avant que j'aie le temps de dire bonjour, elle se met à m'abreuver d'injures, le visage contracté. Je suis pétrifiée. Qui se serait douté que cette femme avenante et gentille soit capable de proférer de telles grossièretés ? « Va-t'en, vilaine, fiche le camp, jamais plus tu ne franchiras le seuil de cette maison ! » Là-dessus, elle me pousse dehors.

Jamais encore on ne m'avait traitée de la sorte, et ce comportement venant d'une femme qui a toujours été si bonne avec moi me paraît tellement monstrueux et inexplicable que je m'éloigne en courant, en larmes. Je pleurais si fort que je ne voyais plus rien, croyant que j'allais mourir de cet affront. Alfred me rattrapa. Il me supplia de ne pas me fâcher contre sa mère : ses deux fils, et peut-être même son mari, allaient être mobilisés, elle en était folle de chagrin. Lui, Alfred, savait bien que je n'y étais pour rien : « Mais arrête de pleurer, regarde autour de toi, et tu vas comprendre. » À travers les larmes, je vis un spectacle saisissant : sur les trottoirs, des femmes agenouillées, jeunes et vieilles, priaient à ciel ouvert, en pleine rue.

C'était terrible à voir, et une telle douleur, un tel désespoir, une telle ferveur étaient peints sur leurs visages que je compris, je sentis la haine qu'elles devaient éprouver à l'égard de ces Russes qui avaient déclenché la guerre.

Étonnant instantané, ces figures de femmes en prière dans les rues d'une bourgade allemande, conservé contre toute probabilité, par le plus grand des hasards.

Avec l'aide d'Alfred et de deux autres amis, la fillette parvient à apprendre que les prisonniers russes sont détenus au Rosengarten, « *un parc entouré d'une haute clôture avec, dedans, un bâtiment abritant une piste de danse* ». Ils s'y rendent tous les quatre :

Nous nous approchâmes du parc et voulûmes ouvrir le portillon ; soudain, deux soldats armés de fusils surgirent de nulle part et nous barrèrent le chemin. L'un des frères dit alors : « De l'autre côté, il y a une planche de la clôture qui ne tient qu'à un clou, on peut l'enlever et pénétrer dans le parc. » Et nous voici, quatre comploteurs, à contourner la clôture à pas de loup, à trouver la planche et à l'écarter. Je me glissai dans le trou, les garçons restèrent dehors à m'attendre. Les soldats ne me remarquèrent pas, mais les détenus s'aperçurent de ma présence, certains me connaissaient, on avertit aussitôt mon père. Il accourut et, dissimulés derrière d'autres détenus, nous pûmes parler à notre guise.

[…] Pendant ce temps, les autres écrivaient à la hâte des mots pour leurs femmes. Je portais une tenue à col marin : une jupe bleue munie de deux poches et une blouse blanche serrée à la taille par un élastique. En un instant, les poches furent remplies de lettres, et ma blouse bourrée eut l'air d'un coussin. Je réussis non sans mal à glisser à l'extérieur par le trou salutaire et fus accueillie par une danse triomphale de Peaux-rouges. J'étais heureuse d'avoir pu voir mon père et me sentais comme une vraie héroïne, ayant vécu une aventure formidable. […]

Deux jours plus tard, tout le monde fut relâché ; à l'aube du troisième, on vint nous chercher pour nous conduire à la gare. Nous ne fûmes pas autorisés à emporter nos affaires, sauf les vêtements que nous portions. Je ne pus dire au revoir ni à Alfred, ni aux pêcheurs ; ils ne se doutaient même pas qu'on nous expulsait. Je ne devais jamais les revoir.

Le train, aux fenêtres occultées par des rideaux, qui se remplissait de Russes au fur et à mesure, fut chargé sur un ferry, puis les soldats allemands enlevèrent les rideaux et l'espace d'un instant les passagers aperçurent la mer ; peu de temps après, c'était la Suède. À chaque halte dans quelque gare, des femmes suédoises venaient apporter aux voyageurs des tartines, des fruits.

Les Russes transités n'ayant pas droit de descendre du train, ma grand-mère regardait les paysages défiler par la fenêtre ou debout sur le marchepied. Ce qu'elle voyait lui semblait tellement beau qu'elle fit le vœu d'y revenir un jour, tôt ou tard. Comment aurait-elle pu se douter que ce vœu ne serait jamais exaucé, qu'il s'agissait d'un « aller simple » ?

Le train traversa la Finlande, puis arriva à destination : Saint-Pétersbourg. De la gare de Finlande, la famille se rendit directement à la gare de Varsovie, mais il était impossible d'acheter les billets pour Lodz : la ville se trouvait dans la zone de combat. La famille dut aller à Varsovie ; de là, les parents firent un voyage éclair à Lodz pour prendre à la maison l'argent et les bijoux, de sorte que les enfants ne connurent pas de gêne, ni à Varsovie, ni plus tard. On y resta un moment dans l'attente de pouvoir regagner Lodz, mais lorsqu'on vit des zeppelins apparaître dans le ciel au-dessus de Varsovie, on décida d'aller à Moscou où mon arrière-grand-père avait de la famille.

Le voyage fut long. Les souvenirs de ma grand-mère ne comportent pas de dates, mais on comprend que le périple Cranz-Moscou via la Scandinavie, avec l'intermède varsovien, dura plus de quatre mois : partie en août, la famille débarqua à Moscou fin décembre 1914, juste avant les fêtes. Malgré l'accueil chaleureux, la rencontre avec la capitale fit sur la fillette un effet plutôt négatif :

Notre première rencontre avec Moscou fut terrible : chez nous, le thermomètre des-

cendait rarement au-dessous de 3 °C et les rares fois qu'il neigeait, la neige fondait aussitôt. Alors qu'à Moscou il faisait très froid, et les rues étaient toutes couvertes de neige. […]

Moscou me déplut fortement, je trouvais notre Lodz, si petit par comparaison, plus beau et mieux aménagé. Chez nous, toutes les maisons étaient en pierre, et nulle part on ne voyait de ces bicoques en bois dont Moscou était pleine. Chez nous, toutes les rues étaient goudronnées, elles étaient plus larges qu'à Moscou, il y avait plus de tramways et il y avait de la place pour tout le monde. À Moscou, il y avait peu de tramways pour une ville aussi grande et ils étaient toujours bondés. En revanche, il y avait une masse de fiacres, on avait parfois l'impression que les chevaux étaient plus nombreux que les êtres humains.

Progressivement, ma grand-mère s'y habitue, on l'inscrit dans un lycée ; la famille trouve un logement convenable : « *un petit appartement* » de six pièces, rue Arbat, où ma grand-mère a sa propre chambre ; en été, ses parents louent une datcha dans les environs ; on lui achète de la peinture à l'huile et un chevalet, dont elle rêve depuis longtemps, elle se fait des amis ; l'automne venu, elle change de lycée, fréquente le soir une école de peinture. « *C'est étrange, très étrange*, écrit ma grand-mère, *que ni au lycée, ni à l'école des Beaux-Arts, on ne parlait jamais de la guerre, comme si nous l'avions oubliée, comme si la paix régnait.* » Elle propose deux explications : d'une part, la vie quotidienne n'avait pas changé, « *[l]es magasins regorgeaient de victuailles et de marchandises. Certes, depuis quelque temps on voyait énormément de militaires dans les rues, mais cela ne nous concernait pas : ils avaient leur vie à eux et nous avions la nôtre* » ; d'autre part, « *[i]l se peut aussi que ce ne fût que moi qui ne me rendais pas compte de la guerre et qui ne me rappelle pas son impact sur le quotidien. J'ai toujours vécu d'une façon abstraite, en quelque sorte ; la vie de tous les jours passait à côté de moi, sans me toucher, sans laisser de souvenirs. Seules les émotions fortes s'imprégnaient d'une façon indélébile. La guerre, elle, était trop lointaine...* »

Peu après, le récit s'arrête brutalement, sur une évocation de la dernière année du lycée – la suite devait faire partie des cahiers détruits. Que s'était-il passé ?

*

Les documents faisant défaut, seuls restent des souvenirs anciens, épars, vagues et pour la plupart invérifiables, contradictoires, comme toutes les sources orales.

Ma grand-mère aurait eu son bac et entamé des études de médecine, abandonnées peu après au profit de l'économie politique. Pourquoi pas des arts plastiques dont, dans ses souvenirs, elle se montre si éprise ? On l'ignore : « *À l'époque*, écrit-elle avec un brin d'autodérision, *je voulais faire don de ma vie au peuple, à l'humanité* » – on n'en saura pas davantage. Tout cela en pleine révolution. Ni de celle-ci, ni de la guerre civile qui la suivit, ma grand-mère n'a jamais parlé, du moins pas en ma présence.

Paradoxalement, je suis plutôt bien renseignée sur les circonstances de sa première arrestation – en 1919 ? 1920 ? –, probablement parce qu'à ses yeux il s'agissait d'un épisode privé, sans portée générale historique ou idéologique.

Toujours entourée d'amis, malgré son caractère difficile (elle était intransigeante, emportée et fantasque), elle avait parmi ses admirateurs un jeune militant qui l'invita un jour à quelque meeting. Ignorant tout de la politique, elle s'y rendit par curiosité en compagnie de sa meilleure amie et trouva l'événement d'un ennui mortel. « On s'en va ? » aurait-elle dit à sa copine. « Non, objecta celle-ci, ce serait malpoli. » Ma grand-mère n'insista pas davantage. Peu après, les nombreuses portes de la grande salle s'ouvrirent d'un seul coup, et sur le seuil de chacune surgit un garde rouge, le fusil pointé sur l'assistance. Tous les participants de la « réunion contre-révolutionnaire » furent arrêtés. Cependant, à l'époque – encore « végétarienne », selon le mot d'Anna Akhmatova – une relative clémence était parfois de mise : on fit savoir que tous ceux qui n'avaient pas la carte du parti pouvaient s'en aller, sans autre preuve que leur parole d'honneur. « Allez, on s'en va ! » dit l'amie de ma grand-mère. « Comment, répliqua celle-ci, on s'ennuyait à mourir, et néanmoins on restait, et maintenant que cela devient intéressant, tu veux qu'on parte ?! » Et elle se constitua prisonnière avec les autres.

L'épisode laisse deviner chez ma grand-mère un caractère plutôt intrépide, peu enclin à la panique et la peur. En témoigne déjà l'aventure de Cranz. Il indique également un naturel curieux, et en effet, l'épisode en question marque la prise de conscience politique lourde de conséquences.

La première détention aurait été de courte durée, mais elle fut bientôt suivie d'une autre, puis d'une troisième, avant de devenir un mode de vie pour des décennies. C'est ainsi que, peu de temps après, vraisemblablement en 1922-1923, la jeune curieuse se retrouve à Solovki, un monastère reconverti en camp de concentration, embryon du futur Archipel du Goulag.

Dans les récits de ma grand-mère, Solovki était entouré d'un halo romantique, presque teinté de nostalgie. « Mes univer-

sités », disait-elle en paraphrasant Gorki ; elle évoquait le commerce des brillants esprits, des conférences, des débats. Rien sur l'horreur ambiante.

C'est qu'elle s'y retrouvait du bon côté. Dans les rares souvenirs des détenus de ce lieu au début des années vingt, on trouve des jugements extrêmement contrastés : certains le décrivent comme un enfer – régime inhumain, travail d'esclaves, tortures et exécutions sommaires –, d'autres parlent d'une détention relativement clémente par rapport à ce qui allait suivre. Des avis aussi divergents s'expliquent par le fait qu'à l'époque le système répressif en était encore à ses débuts et l'on accordait le statut de prisonniers politiques aux représentants des partis de gauche : mencheviks, anarchistes, SD (sociaux-démocrates), SR (sociaux-révolutionnaires). Ils bénéficiaient de conditions de détention plutôt supportables, une sorte d'autogestion, et n'étaient pas astreints au travail. Tous les autres adversaires politiques du régime, étiquetés « contre-révolutionnaires », faisaient l'objet d'une extermination systématique. Habituée aux privations des années révolutionnaires, ma grand-mère ne devait donc pas trop souffrir des conditions matérielles, d'autant qu'elles semblaient avoir été largement compensées par les rencontres avec des gens intéressants, les discussions, l'esprit de camaraderie qui régnait au sein de chaque «baraquement» (à Solovki, les détenus étaient regroupés selon l'appartenance politique).

Ce côté «positif» de l'expérience carcérale explique peut-être le fait que ma grand-mère ne le passait pas sous silence comme tout le reste : le récit qu'elle en faisait n'avait rien de contestataire. Certes, toute personne saine d'esprit ne pouvait s'empêcher de demander : que faisait dans un camp de concentration une jeune fille d'à peine 20 ans qui n'a jamais fait de mal à une mouche ? Mais en Russie soviétique, les personnes saines d'esprit avaient appris à ne pas poser de questions.

Ce qui se passa ensuite ne se prêtait probablement d'aucune manière à être narré aux enfants.

En janvier 1924, ma grand-mère se trouve toujours à Solovki, car c'est là qu'elle apprend la mort de Lénine – dans une buanderie (qu'y faisait-elle ? était-elle malgré tout obligée de travailler comme blanchisseuse ?).

Et ensuite, que lui advient-il ? Une nouvelle arrestation ? Des arrestations au pluriel ? De nouvelles condamnations ? Pas une date ne subsiste pour la seconde moitié des années vingt, pas un repère. Juste une indication, dans une lettre datant des années soixante-dix, adressée à un camarade de jeunesse : « *Jadis à Verkhneouralsk, j'écrivais comme aujourd'hui, à un ami. Malgré le fait que nous habitions sous le même toit et même davantage : dans le même couloir, nous ne nous sommes jamais vus, jamais parlés.* » Que faisait-elle à

Verkhneouralsk, une ville à plus de 1 700 km de Moscou ? de quelle époque s'agit-il ? Une chose est claire : aucun être normal ne se rendra de son plein gré à cet endroit ; en revanche, le *politizoliator* (prison politique) de Verkhneouralsk était célèbre, rares étaient les adversaires du régime qui n'y avaient pas séjourné à un moment ou un autre.

Nous sommes donc dans les années vingt, époque où prend toujours plus d'ampleur ce que Soljenitsyne appelle « la Grande patience » : on éliminait les opposants en douceur, en arrêtant les gens, puis en les reléguant dans des endroits invraisemblables, puis on ré-arrêtait ceux qui réussissaient à survivre et à atteindre le terme de la condamnation, et ainsi de suite… Il semble que, comme les autres opposants politiques d'obédience socialiste, ma grand-mère se faisait surtout condamner à des relégations. Il y eut, en tout cas, un séjour à Achkhabad, en Turkménistan, un autre à Tachkent, en Ouzbékistan, un troisième à Iochkar-Ola, en République des Maris. Je me souviens de ses évocations des tulipes qui, au printemps, envahissaient le désert et le transformaient en un tapis multicolore – était-ce le seul souvenir communicable ?

La rencontre avec mon grand-père se place, d'après l'unique (et invérifiable) indication au dos d'une photo, à une époque antérieure, au début des années vingt. En 1918, cet originaire de Vologda, dans le Nord russe, venait juste de passer son bac ; pour fêter l'événement, lui et ses amis étaient allés jouer au football sur quelque terrain vague. Mal leur en avait pris : l'année en question, la *Tcheka* locale peinait à remplir les quotas d'arrestations imposés du haut. Pour y remédier et s'éviter les blâmes, elle eut cette idée lumineuse : coffrer toute l'équipe de bacheliers footballeurs qui revenaient du match. Aussitôt dit, aussitôt fait, une belle prise.

Ensuite, ce fut sans doute la relégation, quelque contrée éloignée de l'est ou du nord-est. Il semble que mon grand-père – un gamin qui ne devait même pas savoir ce que SR (« socialistes-révolutionnaires ») signifiait au juste, mais qui par la suite n'avait jamais renié son appartenance à ce parti, par pur souci de dignité, par fierté sans doute – se retrouva dans une situation désespérée : seul, on avait peu de chances de survivre dans ces conditions. Il aurait été sauvé par un groupe d'« ennemis du peuple », déportés comme

lui, qui auraient repêché le dangereux SR dans quelque caniveau, avant de le soigner, puis de l'adopter.

Plus tard, il fut sans doute victime des tours successifs de la « Grande patience », relégué, durant toutes les années vingt, dans des endroits plus ou moins invivables ; mais désormais, il avait plus de chances d'en sortir grâce au soutien collectif et à l'efficace système d'entre-aide au sein des SR traqués. À la fin des années vingt, il se trouve à Iochkar-

Ola, comme ma grand-mère ; en 1931, ils se marient.

L'arrogante demoiselle, qui trouvait Moscou provinciale à côté de son Lodz européen, qui était entourée d'admirateurs et se piquait de questions politiques, comment pouvait-elle s'attacher à ce jeune homme, timide et effacé, issu d'un milieu inculte, très modeste (un père ivrogne et une mère préposée aux bains publics) ? C'est qu'un drame semble avoir eu lieu entre-temps. Ma grand-mère serait tombée amoureuse. D'un des « leurs ». Un jeune homme dont elle fut séparée, lorsqu'il fut une nouvelle fois arrêté – c'est lui qui dût être son grand amour. En épousant mon grand-père, l'aimait-elle ? J'ai des doutes. En tout cas, mon père porte le prénom de l'autre, qui sera fusillé quelques années plus tard.

Pourtant, mon grand-père était quelqu'un de très aimable. À la différence d'elle, nature capricieuse, orageuse et impertinente. Lui était la douceur personnifiée. Il parlait le russe du nord, avec des « o » bien articulés là où les Russes de Moscou et la plupart des autres disent « a ». C'est sans doute la raison pour laquelle je me souviens encore aujourd'hui de sa voix – молоко (« lait »), disait-il, et chaque « o » sonnait comme un vrai « o », beau et rond –, alors qu'il est mort quand j'avais seulement 9 ans : il était le seul dans mon entourage à parler de cette façon.

Il savait jouer de la balalaïka et était incroyablement adroit de ses mains : la maison de poupée qu'il m'a confectionnée pour un anniversaire rendait jaloux tous les enfants.

En 1931, la relégation ayant dû se terminer, le couple déménage à Oulianovsk. Pas pour longtemps : l'année suivante, mes grands-parents sont à nouveau arrêtés et transférés à Moscou pour la durée de l'instruction.

Nous sommes au début de 1933. La sœur cadette de ma grand-mère, qui vit toujours à Moscou (et qui ne partage pas le moins du monde ses opinions politiques), reçoit un beau jour une convocation à la *Loubianka*, principale prison de la capitale. Persuadée qu'on va l'arrêter, elle rassemble en hâte quelques affaires de première nécessité et se présente au guichet de la réception, place Dzerjinski. On la prie d'attendre, puis, au bout de quelques instants, on l'appelle pour lui remettre un petit paquet remuant – c'était mon père.

Atterrée et soulagée, ma grand-tante rentre chez elle avec le «paquet»; les parents, quant à eux, reçoivent une nouvelle condamnation – la «Grande patience» continue... Ils sont assignés à résidence à Gorki (aujourd'hui, Nijni-Novgorod), où, dès qu'ils le peuvent, ils font venir leur enfant.

Les relégations étaient généralement de trois ou de cinq ans (après la guerre, le verdict à la mode sera «à perpétuité»). Celle-ci arrive à son terme vraisemblablement en 1937, car un an plus tard, le couple se trouve à plus de mille kilomètres au nord, à Vologda, la ville natale de mon grand-père. Pourquoi pas à Moscou? Parce que les anciens détenus n'avaient pas le droit de s'installer dans le rayon de cent kilomètres autour des grandes villes (distance non négligeable si l'on pense qu'aujourd'hui encore il faut plus de dix heures de train pour atteindre une ville située à cinq cents kilomètres de la capitale). C'est donc à Vologda que la famille vit, dans des conditions précaires, lorsque la guerre éclate.

Tout ennemi du peuple qu'il fût, mon grand-père est aussitôt mobilisé pour défendre la mère patrie. Il combat sur le front de

Volkhov, au milieu des marécages, expérience dont il a toujours refusé de parler : « C'était trop atroce ». Un an plus tard, il est blessé, soigné, puis démobilisé.

À Vologda, la famille vivote, au bord de la famine, grâce aux colis envoyés de Moscou par ma grand-tante. Vers cette époque, ma grand-mère, désespérée, fait une tentative pour se rendre dans la capitale – pour revoir sa sœur et sa mère et rapporter de la nourriture (Moscou était toujours beaucoup mieux approvisionnée que le reste du pays) – sur les radeaux de bois flottant qu'on faisait descendre par voie fluviale. Elle est interceptée et renvoyée chez elle.

Après le retour du front de mon grand-père, la famille déménage à Torovo, un petit village à quelques kilomètres de Tcherepovets, un chef-lieu (125 km de Vologda) où mon grand-père trouve un travail. Son fils, alors âgé de 9 ans, fréquente l'école du village. Elle compte sept élèves.

Ensuite, ce sera le collège de Tcherepovets, où la famille se replie après la perte du travail à Torovo. On habite à la périphérie de la ville, on y dispose d'un lopin de terre, mon grand-père fait de la pêche.

Le 6 juillet 1943.

Chère tante,

Hier, nous avons reçu ton télégramme et les 130 roubles, et aujourd'hui, tes deux lettres. Tout l'argent – 160, 155 et 120 roubles – est bien arrivé. [...] Nous avons planté le jardin potager. De pommes de terre nous avons planté cinq pouds *[env. 80 kg] ; celles qui se trouvent près de la maison sont en fleur, celles derrière le potager, déjà buttées. De toutes petites tomates sont déjà là. Les carottes, elles, sont déjà grandes. Nous avons également planté des oignons, de l'ail, des radis noirs, des choux, des concombres, du rutabaga, du tabac, des betteraves et des raves. [...] Pourrais-tu nous écrire comment faire pour sécher les différentes variétés de légumes, tout ce que tu sais là-dessus, ainsi que les pommes de terre.*

Maman t'écrira. Je t'embrasse très fort.

Cette carte postale, portant la mention « contrôlé par la censure militaire » et adressée par un garçon de 10 ans à sa tante, est le seul document qui laisse entrevoir la vie de la famille à cette époque. Curieusement, les dessins conservés sont plus nombreux. À l'instar de sa mère, le garçon dessine, il a un bon coup de crayon, mais il semble que, déjà, ses centres d'intérêt sont ailleurs : la technique, les sciences exactes, pour lesquelles, très tôt, il manifeste des aptitudes exceptionnelles.

Mes grands-parents tentent de se rapprocher de Moscou, en s'installant à Pouchkino, En fait, de quel travail parle-t-on à propos de ces deux personnes qui, comme des centaines des milliers de leurs semblables, ont juste eu le temps d'avoir le bac, avant de se retrouver, pour des décennies, dans les broyeuses du régime ? La plupart d'entre eux s'en sortaient grâce aux connaissances les plus élémentaires : ils savaient écrire et compter, et dans un pays illettré comme la Russie à l'époque, on avait toujours besoin de comptables ; ainsi, presque tous, ils finissaient par devenir des comptables. En Sibérie, en Asie Centrale, dans le Nord...

Dans cette bourgade de Pouchkino, mon père termine le collège, puis s'inscrit dans un lycée technique à Moscou. Il s'y trouve, en 1949, logé chez sa tante, lorsque la nouvelle lui parvient : ses parents sont à nouveau arrêtés, à nouveau accusés d'« activités contre-révolutionnaires ».

L'instruction eut lieu dans une prison de Moscou où les deux « ennemis du peuple » furent transférés et où, à l'arrivée, mon grand-père fut placé dans un box, comme cela se faisait, autant pour intimider les nouveaux venus que pour les caser en attendant de leur assigner une cellule. Le box en question était étroit comme un placard, on pouvait juste s'y asseoir sur un étroit perchoir fixé au mur ; mon grand-père, cependant, n'en était pas capable : au front, il avait été blessé deux fois, à la poitrine et au genou, et depuis il ne pouvait plus plier la jambe. Ainsi dut-il rester debout pendant des heures, en attendant que l'on sorte de là, et pour faire passer le temps, il chantait à pleins poumons : « *Vaste est mon pays chéri...* », l'inoubliable chanson qu'on diffusait tous les jours à la radio. Elle commençait par :

Vaste est mon pays chéri
Tant de champs, de bois, de rivières,
Je n'en connais aucun autre
Où l'homme respire aussi libre et fier...

De cette arrestation date également le mémorable échange entre ma grand-mère et son juge d'instruction : « Pourquoi cet acharnement ? lui dit-elle. Pensez-vous vraiment qu'après tant d'années de prison, de camp, de relégation, les gens comme moi peuvent encore représenter un danger pour l'État ? » – « Un danger, non, lui répondit, placide, le juge d'instruction. Mais les gens de votre espèce ont une mémoire, et c'est de cela que nous ne voulons pas ! » Clair et net.

Après un semblant d'instruction, une nouvelle condamnation : relégation en Yakoutie, cette fois-ci probablement « à perpétuité ». Par comparaison, aussi bien le Turkménistan que la République des Maris, c'était de la rigolade : la capitale, Iakoutsk, au fin fond de la Sibérie, se trouve à plus de cinq

mille kilomètres de Moscou ; en hiver, le thermomètre y descend jusqu'à -60 °C, la moyenne étant un peu au-dessous de -40 °C. Loin était l'époque où ma grand-mère, débarquant à Moscou, se plaignait du climat moscovite « trop froid »... Ils étaient expédiés dans l'enfer iakoute séparément, elle et mon grand-père, mais ils pouvaient s'estimer heureux d'avoir eu en gros la même destination ; en effet, quelque temps plus tard, ils purent s'installer ensemble et trouver un travail de... comptable, bien entendu. Que comptaient-ils, au juste ? Les rennes des troupeaux des Iakoutes nomades ? Aucune idée, ma grand-mère ne m'en a jamais parlé, on n'en était plus aux tulipes de Turkménistan.

Mon père resta à Moscou, chez sa tante. Il avait 17 ans quand ses parents furent arrêtés, il ne les revit qu'en 1955, six ans plus tard. Entre-temps, il avait eu son bac (« mention très bien et félicitations »), il terminait ses études supérieures d'ingénieur (« mention très bien et félicitations »), il venait de se marier et sa femme attendait un enfant. Mais ce n'est pas seulement l'éloignement dans le temps et dans l'espace qui avaient fait d'eux, au moment des retrouvailles, des étrangers. Un clivage profond avait eu lieu.

D'après ma grand-mère, en apprenant la nouvelle de la mort de Staline en mars 1953, elle se mettait à danser et à pousser des cris jubilatoires: «Crevé, le chien! Crevé, le chien!» À cinq mille kilomètres de là, à Moscou, son fils, âgé de 21 ans, pleurait à chaudes larmes.

Comment était-ce possible? C'est que la dialectique de la peur était déjà à l'œuvre au sein de la famille: en élevant son fils unique, ma grand-mère avait résolument opté pour le principe «Mensonge, pur mensonge, rien que le mensonge» – dans le but de lui éviter les inconvénients de sa propre biographie. Ajoutons à cela que pendant toutes ces années il vécut chez sa tante qui était un ferme soutien du régime, tout ce qu'il y avait de plus orthodoxe. Elle s'était chargée d'inculquer au garçon les opinions qui, pour un temps, l'avaient mis à l'abri des dangereuses déviations. Pour un temps seulement.

La peur a de grands yeux

(proverbe russe)

Les résultats du choix éducatif de ma grand-mère étaient prévisibles : esprit curieux, mon père refit seul – plus tard qu'il ne l'aurait pu – le cheminement de l'orthodoxie à la contestation, en passant des doutes à la réfutation, à l'aversion profonde à l'égard du régime, bref, à ce qu'on appelle « émigration intérieure ».

Au lycée technique, bien qu'il fût encore un jeune komsomol fervent, la peur ne tarda pas à faire son nid. Avant tout, celle à l'égard du responsable de la « première section », autorité chargée de la surveillance politique, qui existait dans chaque établissement, depuis les crèches jusqu'aux instituts de recherches en physique nucléaire, en passant par les prisons et les hôpitaux. Parmi les attributions de la « première section » figurait le recrutement des indics ; nul ne pouvait être à l'abri d'une convocation chez le cerbère, avec la pression, le chantage et l'humiliation que cela impliquait. Celui du lycée technique avait un « visage terrible », son bureau s'abritait derrière deux portes séparées par un étroit espace ; ainsi, celui qui y pénétrait se trouvait, durant quelques instants, enfermé dans une sorte de placard, dans le noir. En passant devant ce bureau, mon père avait toujours « très peur ».

Il n'en a jamais explicité les raisons, mais elles sont faciles à deviner : en tant que « fils d'ennemis du peuple », le garçon était automatiquement suspect, et s'il put terminer ses études, c'est uniquement grâce à la lenteur des « services compétents ». Le passé familial compromettant le rattrapa au moment où il voulut s'inscrire à l'université : pendant l'entretien, les examinateurs ouvrirent devant lui, avec ostentation, son CV, où les informations sur les parents étaient soulignées au crayon rouge. Aucune connaissance, aucun bac mention très bien et félicitations ne pouvaient effacer cette tare. Il dut se contenter d'un établissement de second ordre, l'Institut des communications (radio et télégraphe).

Le processus de réorientation politique ne se déclencha que plus tard, à la fin des études supérieures ; l'accélérateur avait été l'intervention soviétique en Hongrie, en 1956. Plusieurs de ses camarades d'études avaient été mobilisés en tant que radios ; l'un d'entre eux avait réussi à rester en contact radiophonique avec un ami à Moscou pendant les combats de rue à Budapest, lui relatant ce qui se passait – jusqu'à l'instant où l'on entendit un bruit de détonation, puis plus rien… Mon père avait été bouleversé par ce récit.

De ce travail intérieur, rien ne transparaissait au dehors. À un scientifique surdoué et pas ambitieux pour un sou, la dissidence idéologique, aussi profonde fût-elle, ne compliquait pas trop l'existence. C'eût été différent s'il avait voulu faire carrière : il aurait été obligé de faire preuve de zèle, entrer au parti, se faire bien voir des syndicats, etc. Or, il ne s'intéressait qu'à la science, et il lui suffisait de ne pas faire étalage de ses opinions pour qu'on lui fichât la paix et qu'on le laissât travailler tranquillement.

Cela explique son entêtement de faire de moi une scientifique. Entre mes 7 et 11 ans, il m'avait littéralement gavée d'ouvrages de biologie, moi qui ne jurais que par *L'Île au trésor* et *Les Trois mousquetaires* ! Docile, pour faire plaisir à mon papa admiré, j'ingurgitais d'interminables histoires sur la boussole biologique des abeilles, la perception des couleurs chez les chimpanzés, la hiérarchie sociale chez les fourmis. Ce n'était pas totalement inintéressant, mais rien à faire, je préférais *L'Île au trésor*. En voyant que jamais il ne ferait de moi une biologiste, mon père mit ses espoirs dans les mathématiques. Sur

son incitation, je passai le concours d'entrée de la célèbre « École n°2 », un lycée spécialisé, pépinière de surdoués en mathématiques, dont je ne faisais nullement partie, étant juste assez bonne pour maintenir la tête hors de l'eau et ne pas me faire éjecter.
Les tentatives de mon père pour m'éloigner du terrain miné de la littérature et des sciences humaines n'allèrent pas plus loin. Pour le reste, il adopta un comportement à l'opposé de celui qu'avait eu à son égard ma grand-mère : d'emblée, il avait écarté le mensonge comme principe éducatif. Sans doute parce qu'il comprenait que cela pouvait tout au plus retarder la prise de conscience, mais non l'éviter.

Je me souviens d'un épisode : c'est l'été, il fait beau, j'ai 11 ans, bientôt 12, nous marchons vers la station de métro. Le chemin n'est pas asphalté, mais pavé de grandes plaques de béton, je saute de l'un à l'autre, essaie de les compter... Au bout d'un moment, je me rends compte de l'air préoccupé de mon père, qui marche à mes côtés, abattu et taciturne, et probablement je lui en demande la raison – je ne me rappelle pas au juste. Mais je me rappelle sa réponse : « Il se passe des choses accablantes : l'armée soviétique vient d'envahir un pays où les gens réclamaient davantage de liberté... » Sans doute, cela lui rappelait le drame hongrois. C'est à cet instant – août 1968 – que la politique s'installe dans ma vie. La politique, mais pas encore la peur.

La peur, elle, commença à s'installer un peu plus tard, avec l'entrée au lycée mathématique, car, justement, elle équivalait à l'entrée dans un espace de liberté strictement délimité.

*

Il s'agissait d'une oasis créée à l'initiative de quelques hommes de science de renom qui voulaient proposer aux enfants doués un enseignement adapté à leurs besoins, permettant un apprentissage plus rapide. Une possibilité qui attira les meilleurs pédagogues de la capitale : ils y virent une chance d'échapper à la routine et à la médiocrité. Au début, il n'était question que des matières scientifiques ; mais très vite la direction de l'école se rendit compte qu'il n'était pas possible de favoriser, chez les élèves, la réflexion indépendante en sciences dures, tout en maintenant le verrouillage idéologique dans l'enseignement des matières littéraires. Vite, cet enseignement se libéralisa, le carcan se relâcha – un établissement unique était né : une complicité entre les professeurs qui n'avaient pas peur de parler et les élèves qui n'avaient pas peur de poser des questions, du jamais vu pendant l'ère soviétique.

« Ouvrez vos cahiers, prenez vos stylos, écrivez ce que je vais vous dicter, vous allez le réciter à l'examen... Ça y est, vous avez tout noté ? Très bien ! Après l'examen, vous jetterez vos cahiers à la poubelle et vous oublierez tout cela. Et maintenant, je vais vous expliquer ce qu'il faut que vous sachiez et compreniez réellement... »[2]. En entendant ce genre de propos de la bouche de nos professeurs, nous étions ravis, fiers de la confiance qu'ils nous témoignaient, nous comprenions qu'ils prenaient un risque et leur étions reconnaissants qu'ils nous jugeassent dignes de savoir comment les choses s'étaient passées « réellement ».

---

2. Un des professeurs qui tenaient de tels discours, Herman Fein, idole des élèves, avait fini par se faire licencier avec fracas (après vingt-cinq ans d'enseignement dans diverses écoles soviétiques) pour avoir, selon la formule officielle, « mis en péril le processus éducatif ». Contraint d'émigrer, il s'installa en Allemagne, pour y enseigner, avec bonheur, dans plusieurs universités du pays pendant encore un quart de siècle...

La configuration de base, déterminante pour des années à venir, se mettait ainsi en place, d'abord diffuse, mais qui s'affinait et se précisait au fil du temps. « Eux » et « nous », le discours officiel et la pensée alternative, la liberté et... non pas l'oppression, mais une sensation d'étouffement. Conscience qu'il y avait des choses à ne pas dire, coupure de plus en plus nette entre le public et le privé.

À mesure que le discours officiel se vidait de son sens, une certaine vision du monde se constituait à partir des conversations avec des amis, de l'enseignement des professeurs, des lectures. On apprenait aussi à faire attention : il y avait des mouchards, parmi les élèves comme parmi les profs. Or, qui dit risque, dit peur : « se méfier de... ».

Tout cela se faisait encore à moitié par jeu, nous avions entre 13 et 16 ans, nous débordions d'énergie et avions certainement lu trop de romans d'aventures. Comment résister à l'envie de tester les limites de l'enivrante liberté ? Comment s'empêcher de faire de la provocation : étudier la réaction d'un professeur en dénigrant en classe quelque parangon du réalisme socialiste, en demandant à un autre ce qu'il pensait d'un tel écrit de Soljenitsyne, d'un tel poème de Brodsky, qui circulaient sous le manteau et dont nous commencions à être friands. Faire des allusions politiques en cours d'histoire (la révolution française, qui figurait au programme, fournissait des analogies à foison), organiser des débats sur des sujets délicats (par exemple, la main tendue en 1978 par le « traître » Anouar el-Sadate au « sionisme impérialiste » abhorré), diffuser pendant la récréation une chanson de quelque barde interdit, Vyssotski ou Okoudjava... – puéril et passablement niais, mais caractéristique de l'effervescence ambiante.

Nos pauvres professeurs nous servaient de cobayes. C'est leur réaction à nos provocations qui nous faisait comprendre où se trouvaient les limites à ne pas franchir, à partir de quel moment notre enfantillage devenait dangereux et risquait de nous attirer des ennuis. Un comportement pas très courageux de notre part, admirable chez les enseignants : ils auraient pu facilement nous réduire au silence une fois pour toutes et avoir la paix ; au lieu de cela, tout en nous apprenant à penser par nous-mêmes, en nous laissant « nous exprimer », ils tentaient de nous protéger, nous faisant comprendre jusqu'où on pouvait aller et où il fallait qu'on s'arrête. Eux vivaient dans une tension extrême, écartelés entre la satisfaction du travail accompli et la crainte des représailles ; nous, dans l'euphorie et l'insouciance.

De cette époque date un épisode dont je ne suis pas fière. À 14 ans venait le temps de rejoindre la jeunesse communiste, le Komsomol. Théoriquement, on n'y intégrait que les meilleurs et les plus dignes ; en pratique, il n'y avait que les pires garnements et les cancres auxquels on en refusait l'accès ; dans une école comme la nôtre, l'adhésion était de 100 %, il s'agissait d'une simple formalité. Or, à la réunion de la classe consacrée à cette adhésion, je me levai pour proclamer que je refusais de faire partie de « cette organisation de bandits ». Dans tout autre établissement, le scandale aurait été immense, mes parents auraient été les premiers à en pâtir, ils auraient été convoqués, on aurait alerté leurs supérieurs au sujet de la mauvaise éducation qu'ils donnaient à leur fille, ça aurait engendré des ennuis sans fin. Partout, mais pas dans cette école : ici – et je le savais – je ne risquais pas grand-chose. En effet, après la réunion, le professeur principal me prit à part : « Tu comptes faire des études supérieures, n'est-ce pas ? Et tu sais parfaitement que sans être membre du Komsomol tu ne seras admise nulle part. Alors, ne fais pas l'imbécile, assieds-toi, prends une feuille et écris ta demande. » Je pris une feuille et j'écrivis ma demande.

À la même époque, cependant, apparurent les premiers clivages, signes que nous n'allions pas toujours cheminer ensemble. Ayant rédigé ma demande d'admission dans les rangs du glorieux Komsomol, j'avais besoin de la faire viser par le responsable de la cellule de notre classe, un camarade donc et, qui plus est, le meilleur copain de mon meilleur copain. « Tiens, signe-moi ça », lui lançai-je, en lui tendant la feuille. À ma stupéfaction, il refusa net. « Mais qu'est-ce qu'il te prend, tu es fou ?! » J'étais à la fois indignée et abasourdie : à mes yeux, il s'agissait d'une ridicule formalité qu'aucun être normal ne pouvait prendre au sérieux. Il m'expliqua posément que, comme je le savais sans doute, il pensait poursuivre ses études à l'Institut des relations internationales et devait veiller à avoir un CV irréprochable : « Un jour, martela-t-il, tu te feras arrêter pour tes opinions antisoviétiques, alors on se souviendra que c'est moi qui ai appuyé ta candidature au Komsomol ! » Je ne sus quoi répondre. Nous avions 14 ans, tous les deux.

L'affaire fut finalement réglée à l'amiable, et l'accrochage en question, soudaine irruption des conflits à venir, resta plutôt exceptionnel, je ne me souviens pas d'épisodes analogues. Même ceux qui ne partageaient pas l'esprit frondeur de l'école, se gardaient de montrer leur désapprobation, car ils étaient en nette minorité. Dans l'ensemble, une époque délicieuse, un plaisir de faire partie de la joyeuse bande de garçons (il n'y avait presque pas de filles) épris des mathématiques, qui s'éveillaient à la pensée, étaient curieux de tout, voulaient tout savoir. Comme source d'informations, il y avait, outre l'enseignement de nos professeurs, la lecture – y compris des ouvrages interdits – à laquelle on prenait de plus en plus goût, ainsi que la radio.

*

En fait, mon premier souvenir « politique » remonte à beaucoup plus loin : j'ai 4 ou 5 ans, c'est une fin d'après-midi, probablement en hiver, car il fait déjà nuit ; ma mère, fatiguée, s'est assoupie sur le canapé, dans la demi-pénombre de la pièce d'un grand immeuble collectif où j'habitais avec mes parents. Je n'ose pas faire de bruit pour ne pas la réveiller, et je reste à côté d'elle à m'ennuyer en attendant son réveil. La radio est allumée : on y parle des « masses laborieuses du peuple algérien qui lutte courageusement pour secouer le joug des colonialistes impérialistes français » – en quelle année sommes-nous : 1960 ? 1961 ? 1962 ?

De cette même époque datent les débuts de mes relations avec l'appareil radio dont sortaient le plus souvent des grincements et des sifflements épouvantables, tantôt forts tantôt faibles, dans lesquels se noyaient les voix d'hommes et de femmes qui parlaient, parlaient... Je trouvais ce brouhaha détestable. En revanche, l'objet lui-même me plaisait : une grosse boîte dont l'œil vert ne restait pas immobile un seul instant. Il avait une pupille noire au milieu, et l'iris, vert, comme celui d'un chat, mais qui n'était jamais complet. Vite, je pus établir une relation entre la taille du segment vert et la quantité d'horribles bruits qui écorchaient mes oreilles : plus l'œil était vert, moins ça grinçait. Pour écouter, mon père tournait constamment la manette, essayant d'élargir le secteur, activité qui, dans mon esprit, n'était pas sans rapport avec la pêche à la ligne, à laquelle il m'initiait à la même époque pendant les vacances d'été : on se servait de la même expression, littéralement « ça se laisse capter » ou « ça ne se laisse pas capter », sous-entendu : le brouillage est trop fort. Ce ne fut que plus tard que je compris la nature de la pêche à laquelle il s'adonnait devant son appareil radio : une pêche aux bribes de la vérité, si l'on peut se permettre ce registre un brin solennel.

Ni perches, ni brochets, les poissons qu'il pêchait tous les soirs dans notre chambre appartenaient à quatre espèces que je connaissais « depuis toujours », à savoir (par ordre de préférence de mon père) : la BBC, The Voice of America, Radio Liberty et, lorsque ces trois étaient brouillés au-delà de ce qui était supportable, Die Deutsche Welle.

À l'époque en question, cette pêche n'avait rien de particulièrement dangereux. On n'était plus aux temps où les radios munies de récepteurs d'ondes courtes étaient interdites, réquisitionnées (pendant la guerre) et où la détention d'un tel appareil pouvait entraîner l'arrestation et la prison : espionnage, activité subversive, calomnie du régime soviétique... tout un bouquet. Logique, puisque même le fait de vouloir éteindre, dans la cuisine d'un appartement communautaire, le haut-parleur de la radio d'État qui n'avait qu'une seule fréquence et qui déversait des insanités du matin au soir, était considéré comme un acte subversif.

Dans les années soixante, la possession d'un appareil aux ondes courtes ne tombait plus sous le coup de la loi, on en trouvait même dans le commerce. Les gens achetaient ces radios « normales », puis les trafiquaient pour y ajouter des ondes ultra-courtes permettant de mieux capter les « voix ennemies », comme on les appelait avec une tendresse non dissimulée. Ingénieur de radio de formation, mon père s'en était vite fabriqué une qui répondait à ses besoins.

Toutefois, il n'affichait pas son addiction à cette pêche-là : jusqu'à la fin de l'URSS, l'expression « écouter les voix » n'avait rien à voir avec des expériences mystiques et était passablement mal vue. Sinon un crime en soi, du moins une circonstance aggravante.

J'ai « toujours » su qu'il ne fallait pas en parler ; mais de toute manière, l'idée ne m'en serait pas venue : jusqu'à un certain âge, cela ne m'intéressait guère, et peut-être, petite, croyais-je que dans toutes les familles les gens faisaient la même chose. En plus, je n'aimais pas beaucoup voir mon père s'installer devant le poste, allumer l'œil vert et se mettre à tourner la manette pour essayer d'améliorer l'audibilité des voix noyées dans les grésillements. Je ne comprenais pas ce qu'on disait, cela m'ennuyait, mais les paroles tant de fois entendues restèrent à jamais gravées dans ma mémoire : « *...Vous venez d'entendre les grands titres de l'actualité... nous allons maintenant passer à la partie analytique... devant le micro, notre analyste politique Anatoliï Maximovitch Goldberg...* » C'était la berceuse de mon enfance. Et pas seulement la mienne : pour combien d'enfants de ma génération, AMG fut, des années durant, un vrai membre de la famille, une sorte de génie du foyer, installé quelque part « en Occident »[3]. Cet Occident s'incarnait en sa voix qui, jour après jour, racontait aux auditeurs en URSS ce qui se passait dans le monde entier et – avant tout – chez eux.

Des années plus tard, pendant la perestroïka, j'ai un peu travaillé en freelance pour le service russe de la BBC et eu des occasions de me rendre dans leurs locaux à Londres, d'y rencontrer des collaborateurs... Malgré tous mes efforts, je n'ai jamais réussi à établir un lien entre les bureaux de la rédaction, pareille à toutes les rédactions du monde, avec ces hommes et ces femmes, et le mythique personnage de mon enfance : « *d*evant le micro, notre analyste politique Anatoli Maximovitch Goldberg... », prononcé par un speaker dans un russe impeccable et néanmoins différent de celui que j'entendais autour de moi.

---

3. L'Occident, dans notre esprit, était un et indivisible ; par la suite, je me mettais toujours en colère en entendant mes interlocuteurs étrangers évoquer des divergences entre, mettons, l'Europe et les États-Unis : pauvres imbéciles, pensais-je, il n'y a que deux camps, l'URSS et l'Occident libre ! Toute tentative de suggérer une différence, de « semer la zizanie » relevait, à mes yeux, d'un aveuglement néfaste.

Au fil des années, les « voix ennemies » étaient devenues une partie inaliénable du quotidien. Depuis 1966, ma grand-mère habitait avec nous. Comme tous les ex-détenus, elle avait d'abord été astreinte à vivre hors du périmètre de cent kilomètres autour de Moscou, et, comme beaucoup d'entre eux, elle et mon grand-père s'étaient retrouvés, après leur retour de Yakoutie, à Alexandrov, une bourgade située justement à cent kilomètres et disposant d'une liaison ferroviaire directe, une aubaine. Après la mort de mon grand-père, on avait réussi à échanger la pièce qu'ils avaient là-bas contre une pièce dans un appartement communautaire à Moscou. Ensuite, on échangea cette pièce et l'appartement de deux pièces que l'État nous avait généreusement octroyé, à mes parents et à moi, dans une cité-dortoir à peine accessible, à la place de la pièce dans l'immeuble collectif que nous occupions dans le centre de Moscou, contre un appartement de trois pièces dans une autre banlieue, moins infernale[4]. Sur une superficie de trente-six mètres carrés, nous logions à cinq (après la naissance de ma sœur) ; j'y avais ma propre chambre, c'était le paradis. Ma grand-mère, elle aussi, y avait sa propre chambre ; en y aménageant, elle devait ressentir une joie encore plus grande que la mienne : « *Outre la belle vue*, écrit-elle dans ses souvenirs à propos de l'appartement où sa famille avait emménagé après l'arrivée à Moscou en 1914, *cet appartement avait encore un autre avantage de taille :*

4. Des années plus tard, j'ai bien ri en découvrant que le même système d'échanges à plusieurs mouvements existe et n'est pas près de disparaître dans un autre pays « socialiste », la Suède ! Il est vrai que les superficies habitables n'y sont pas du même ordre.

j'y avais ma propre chambre. C'était un vrai bonheur. » Ce bonheur qu'elle avait connu dans les années dix lui fut ensuite interdit pendant un demi-siècle – sauf si l'on considère les cellules de prison comme chambres individuelles –, et lorsqu'elle put le connaître à nouveau, elle était déjà sexagénaire.

Ma grand-mère vivait donc avec nous. Les décennies passées dans des conditions indescriptibles n'avaient pas réussi à vaincre son aversion à l'égard des « basses besognes » matérielles ni son inaptitude aux travaux ménagers, de quelque nature que ce fût. Pourtant, elle était adroite de ses mains, bonne dessinatrice, un esprit inventif. J'ai toujours un collier qu'elle m'avait confectionné avec des boules d'argile décorées de bouts de fil électrique, rouges et bleus, les seuls matériaux qu'elle avait à sa disposition, et un gracieux jeu d'échecs également en argile. Et ses beaux découpages de papier, tous ces objets ingénieux qu'elle fabriquait à partir de rien : un bout d'écorce, un vieux bouchon, des feuilles séchées... Mais quand il fallait préparer un repas, c'est tout juste si elle était capable de faire un œuf à la coque. À un point tel que je me demande s'il ne s'agissait pas d'une sorte de vengeance, de révolte, sans doute inconsciente, contre la misérable existence qu'on lui avait imposée : « Et tel le cours d'un fleuve, la rude époque avait changé ma vie... » Alors, elle fut préposée – plus exactement, elle s'était préposée – à la radio. Tous les jours, elle écoutait attentivement les « voix ennemies », les analyses politiques d'AMG, pour nous les résumer, lorsque mes parents revenaient du travail et moi de l'école, puis de l'université.

En y repensant, je ne puis m'empêcher de sourire, tellement cela formait un pendant comique aux « informations politiques », séances d'endoctrinement obligatoires – dans les usines, les écoles, les instituts de recherches, les maisons de repos, etc. – au cours desquelles un « agitateur » désigné ou volontaire (pour des raisons de carrière) faisait le résumé des éditoriaux de Pravda-Izvestia aux membres de son « collectif de travailleurs ». Chez nous, l'« agitatrice », c'était ma grand-mère.

Au début, je croyais que l'écoute des « voix ennemies » constituait une occupation permanente de l'ensemble de la population soviétique, car c'était le cas dans toutes les familles que je fréquentais. (Par exemple, ce collègue de mon père qui adorait la corvée de la vaisselle le soir : au même moment où, de la main droite, il ouvrait le robinet, de la main gauche il appuyait sur le bouton pour mettre en marche la BBC.) Une idée complètement erronée : seule une infime minorité avait accès à ce lien avec le monde extérieur, tous les autres n'avaient comme source d'information que la radiotélévision de l'État et sa presse.

Mais l'impression – ou l'illusion – qu'il existât un milieu où l'on pensait « autrement » était importante : elle favorisait l'émergence d'un espace de liberté mentale, amorcée grâce à l'école. Je savais que dans ma famille et dans d'autres familles encore, on partageait les opinions de mes professeurs et de mes camarades. Et que ces opinions étaient peu conformes à ce que martelaient les journaux et la radio. Deux réalités parallèles et antithétiques ; et à mesure que l'espace intérieur se structurait et s'étoffait, le fonctionnement schizophrène s'installait, inévitablement, et avec lui, la peur.

Cette peur se nourrissait moins de l'expérience personnelle – on menait une vie parfaitement heureuse d'adolescents faisant partie des couches relativement privilégiées de la capitale (infiniment privilégiée par rapport au reste du pays) – que des lectures interdites : derrière la grisaille et la morosité ambiante, se devinaient la violence et la terreur. Pendant les années à l'école, cela avait encore un côté ludique, un attrait de fruit défendu, mais assez vite le jeu était devenu un besoin et une habitude. Le samizdat de ces années englobait des choses fort différentes : Chalamov, Soljenitsyne, Zinoviev, Orwell, Huxley. Rien de systématique, les lectures se faisaient au gré du hasard. La provenance : mes amis, les amis et les collègues de mon père. Je serais embarrassée d'en dire davantage ; jamais je ne demandais à mon père : « D'où vient ce livre ? » – cela ne se faisait pas, par la précaution la plus élémentaire : il valait mieux ne pas savoir, ça diminuait le risque de faire une imprudence et de compromettre le pourvoyeur. Quant à mes propres amis, l'échange d'écrits interdits faisait partie de la vie quotidienne, on se passait et repassait ceci et cela ; c'était même, pour les garçons, une façon de faire la cour aux jeunes filles, il m'arrivait de penser : ah, un tel est vraiment rasant, mais bon, puisqu'il promet de m'apporter un recueil de Chalamov, je ne vais pas l'envoyer promener...

*

Les conflits avec ma grand-mère datent de cette époque. Elle désapprouvait fortement que mon père mette entre mes mains ce genre de lectures, elle avait peur. Mon père était un fils exemplaire et respectueux, mais là-dessus il restait inflexible – et je continuais à lire.

Cette littérature me fascinait. Tout ce qui avait trait à l'histoire soviétique, à l'expérience carcérale, les mémoires des rescapés du Goulag : Evguenia Guinzbourg, Oleg Volkov, Ariadna Efron... Un univers terrifiant et énigmatique : je n'arrivais pas à comprendre comment les auteurs de ces mémoires avaient pu supporter les horreurs qu'ils y décrivent, ne pas craquer aux interrogatoires, survivre à un transfert de trois mois dans un wagon à bestiaux, résister à la torture, se faire humilier dans les camps, être témoins du calvaire de leurs proches...

1937, la prison d'Iaroslavl : « ... Soudain je fus transpercée d'une douleur brève mais atroce, qui me fit perdre connaissance. C'était Satrapiuk [le geôlier] : il me bloqua les bras derrière le dos et les attacha avec une serviette. Comme à travers un brouillard, je vois une surveillante qui se précipite pour l'aider. Elle me déshabille, toujours ligotée, en me laissant juste ma chemise, m'enlève même les épingles de cheveux. Suit une éclipse, je me sens tomber dans un abîme de feu noir. Le froid me fait reprendre connaissance. [...] Tout mon corps me fait mal. Je suis allongée sur le dos sur les planches d'un châlit, presque nue, si ce n'est la chemise et un petit manteau sale qu'on m'a jeté dessus... » En lisant de pareilles histoires, je me demandais immanquablement : et moi, aurais-je été capable de ne pas craquer ? La réponse était non, je le savais. Mais alors, eux ? comment pouvaient-ils ? où trouvaient-ils les forces ? Pendant de longues années, je me disais en guise d'explication que si je n'arrivais pas à percer l'énigme, c'est parce que j'étais trop jeune, manquais d'expérience, que les gens dont il était question chez Guinzbourg, Chalamov ou Soljenitsyne étaient des adultes, des hommes et des femmes mûrs qui avaient d'autres ressources, inconnues de moi. Jusqu'au jour où, ayant dépassé leur âge, je me suis soudain rendue compte combien ces êtres aux destins broyés étaient jeunes. « Pourquoi la vie de ma mère, une jolie et romantique lycéenne de Kazan, fut-elle aussi chargée de malheurs, de misères, d'humiliations ? [...] Elle avait 32 ans au moment où commencèrent les interrogatoires avilissants menés par les brutes de la NKVD, la cruauté des gardiens, la faim et le froid sans fin… », s'interroge Vassili Axionov dans la préface aux mémoires d'Evguenia Guinzbourg, sa mère, qui raconte l'épisode que je viens de citer. Aujourd'hui encore, quand je relis ces témoignages, le mystère demeure.

Toutes ces horreurs, je le répète, venaient de mes lectures et n'existaient que dans ma tête ; le microcosme de l'école, rassurant et douillet, favorisait ces connaissances, mais en lui-même il n'avait rien à voir avec elles. Toutefois, quelques minces fils le reliaient à la réalité terrifiante des lectures interdites. La plupart des enseignants étaient critiques à l'égard du régime, et parmi eux quelques-uns, très rares, osaient une dissidence active. Anatoli Iakobson, brillant historien de littérature, professeur adulé par ses élèves, avait été obligé de démissionner, puis d'émigrer en Israël (où il se suicida quelques années plus tard). De l'autre côté, on découvrait soudain que notre professeur de géographie – qui nous agaçait par la rudesse de ses manières et son amour des cartes muettes qu'il fallait remplir de données : noms, frontières, ressources naturelles... – ce professeur serait identique au personnage de *L'Archipel du Goulag*, un détenu traître, responsable de l'échec d'un soulèvement dans un camp. Une grande figure de la dissidence et un ancien prisonnier félon se côtoyaient en salle de profs !

Mais la vraie irruption du réel eut lieu alors que j'étais en première : les autorités en eurent marre de ce « foyer antisoviétique et sioniste » (il y avait beaucoup de juifs parmi les professeurs et parmi les élèves), l'établissement fut – c'est le cas de le dire – « nettoyé au karcher » : le directeur et le proviseur limogés, les professeurs contraints de démissionner, d'autres démissionnant de leur propre gré. Il en resta une légende, une pléiade de scientifiques qui essaima dans les universités du monde entier, et plus tard, après la chute du régime, des souvenirs publiés, des mémoires consacrés à l'École n°2.

*

Les études secondaires touchaient à leur fin, il était temps de se décider pour une grande école, et ce choix n'était pas facile. Que je n'allais pas bouleverser les mathéma-

tiques, pas plus que la physique ou une autre science exacte, m'était devenu clair dès la première année du lycée. La différence entre mes efforts, honnêtes, mais peu inspirés, pour me maintenir au niveau, et la passion qui animait mes camarades de classe était patente. Il suffisait de les voir à la récréation : on allait acheter un cornet de glace (hiver comme été, selon la bonne coutume russe) dans le centre commercial (ou ce qui en tenait lieu) à proximité, et sur le chemin ils continuaient à débattre de quelque théorème évoqué en classe, enflammés, excités, réfléchissant à haute voix, jusqu'à ce que, en plein milieu de la rue, l'un sorte un bout de papier, l'autre un crayon et que la troisième courbe le dos pour offrir une «table», oubliant la glace et la récré, tandis que je m'impatientais: «Allez, mais qu'est-ce que vous faites?!» Dans ma propre tête, les théorèmes s'évaporaient à l'instant même où la sonnerie mettait fin au cours. Non, les maths sup n'étaient pas pour moi; plus exactement, je n'étais pas faite pour elles.

En revanche, les langues m'intéressaient. Plus exactement, *une* langue, l'anglais. Pas l'anglais qu'on apprenait à l'école où l'on s'y prenait généralement très mal, même dans notre lycée, malgré le niveau d'enseignement incomparablement plus élevé. C'est qu'en raison de deux heures par semaine, cela ne pouvait pas donner grand-chose, et notre professeur, un gentil excentrique qui arrivait en cours avec sa cafetière et sa réserve inépuisable de blagues (essentiellement politiques), devait juger inutile d'encombrer davantage les petites têtes déjà surchargées de travail. Mais depuis quelques années, je prenais des leçons privées, qui, elles, étaient un vrai bonheur. Une fois par semaine, je me rendais chez une jeune professeur, et chacune de ces leçons était comme un tiroir de quelque placard magique : on tirait la poignée – et, immanquablement, on découvrait un trésor ! La langue anglaise se déployait devant moi, dévoilait sa logique interne, sa richesse, ce mélange étonnant du systématique et de l'aléatoire qui est propre à toutes les langues et qui en fait des organismes vivants. À la différence des sciences exactes que je comprenais mais ne retenais pas, autrement dit j'étais incapable de m'approprier les connaissances pour ensuite en faire quelque chose, en sciences humaines j'avais l'impression non seulement de comprendre, mais aussi de faire mien ce que j'apprenais.

Donc, les langues. Sans aucun projet clairement formulé, sans l'idée d'obtenir, par leur biais, l'accès à des informations autrement inaccessibles, juste le sentiment d'un possible élargissement de l'horizon. Très vague.

Qui disait « étude de langues » à Moscou à l'époque soviétique entendait par là quatre options plus ou moins réalisables : MGIMO, Langues-O, ENS, MGU. Ces abréviations et les établissements qu'elles désignaient ne recouvraient pas les mêmes réalités qu'en France. Pour la plupart des bacheliers, les deux premiers – Institut d'État des Relations

Internationales et l'Institut d'État des Langues Orientales – n'entraient même pas en considération. Certes, l'enseignement des langues y était excellent, mais le but de l'apprentissage était fort particulier : l'un comme l'autre formaient des cadres diplomatiques, destinés à voyager à l'étranger, et étaient de ce fait placés sous haute surveillance. On n'y entrait pas sur simple concours. En plus des connaissances, il fallait disposer d'un « certificat », i.e. une attestation officielle de fiabilité idéologique, munie de trois cachets provenant de l'établissement scolaire d'origine : le parti, le komsomol et les syndicats, le tout validé par le comité du parti du district. Des barrières infranchissables. Car avant de délivrer cette attestation, les « organes compétents » faisaient une enquête

sur le candidat, et certainement le fait d'avoir des « ennemis du peuple » parmi les membres de sa famille était un facteur hautement handicapant, sinon rédhibitoire.

Bref, je n'avais pas le profil pour entrer dans ces écoles d'espions, ni l'envie non plus. Et l'eussé-je même voulu, je n'aurais jamais osé exprimer ce désir, ça aurait scandalisé mes parents. (Un petit regret subsiste : si j'étais née dans un autre pays, je n'aurais probablement pas résisté à la fascination du chinois, cette écriture qui est à la fois sens et art, la mystérieuse façon d'appréhender le monde que cela engendre...) Ainsi, le MGIMO et les Langues-O étaient exclus. Quant à l'ENS – Institut d'État de Pédagogie de son nom officiel –, je n'y songeais pas non plus : en Russie, les rapports entre la fac et l'ENS étaient à l'envers de ceux qui existent en France, l'université était nettement plus prestigieuse et la qualité d'enseignement y était meilleure. Le concours d'entrée, par conséquent, bien plus redoutable.

Restait donc la faculté des lettres de la MGU (Université d'État de Moscou), quasiment inaccessible, vu la concurrence : plus de vingt candidats pour chaque place. Non seulement parce que c'était très convoité, mais aussi parce que, afin d'« assainir le profil social », on réservait chaque année un quota aux candidats d'origine ouvrière qui, après un temps de mise à niveau, passaient un concours pour ainsi dire interne. Le reste était ouvert à la libre concurrence des garçons et des filles issus des milieux intellectuels.

Avec un soupir, mon père dut se résigner : « Tu te rends compte, n'est-ce pas, que tu choisis une voie où le mensonge fait partie du travail quotidien ? » Oui, je le comprenais, mais d'une part, cinq années d'études me séparaient de cette perspective peu réjouissante, et d'autre part, optimiste de nature, je me disais que je trouverais bien un moyen de m'y dérober.

Mon père caressait-il un secret espoir de me voir échouer au concours et changer d'avis ? Ce n'est pas impossible. Pour les garçons, échouer aux examens d'entrée signifiait une catastrophe : ils étaient aussitôt cueillis par l'armée pour un service militaire long (deux ans, trois dans la marine), périlleux et souvent traumatisant, surtout s'ils étaient juifs. C'était la hantise de toutes les familles où il y avait des garçons, et tous les moyens étaient bons pour y échapper : le meilleur consistait à voir son enfant admis dans un établissement supérieur, le moins bon de lui procurer une dispense pour des raisons médicales (pratiques toujours en vigueur). Pour les filles, c'était moins dramatique, tout au plus une blessure infligée à l'amour-propre. En cas d'échec, on pouvait retenter sa chance l'année suivante, on pouvait également se réorienter et aller voir ailleurs.

Si mes parents ne s'étaient pas opposés à ma décision, ils ne m'avaient pas non plus encouragée. Attitude peu fréquente dans un pays où les diplômes – seul moyen d'ascension sociale, outre le sport – déterminaient le statut, le lieu de travail, la carrière, la vie entière de l'individu d'une manière bien plus rigide et irrévocable que dans les pays occidentaux. C'est pourquoi durant la dernière année de l'école, les parents ne reculaient devant aucun sacrifice financier pour pallier les carences de l'enseignement secondaire, engageant une ribambelle de répétiteurs privés qui préparaient leur progéniture aux concours. Les miens, tranquillement, me laissèrent me débrouiller seule, se contentant de payer mes leçons d'anglais ; je n'osais pas en demander d'autres, cela coûtait cher. Il faut dire que les scientifiques – et mes deux parents étaient du nombre – avaient des revenus nettement inférieurs aux représentants des sciences humaines et des milieux littéraires et artistiques : l'État étant l'unique employeur, les salaires étaient les mêmes dans tous les secteurs, mais dans le second cas s'y ajoutaient souvent les droits d'auteurs qui, vu les tirages moyens – rarement moins de cent mille exemplaires – assuraient aux auteurs, traducteurs, journalistes, un niveau de vie dont les ingénieurs, les médecins et autres chercheurs ne pouvaient même pas rêver. Peu avant la fin de l'année scolaire, j'ai quand même osé demander de l'argent pour quelques cours de russe, qui me fut aussitôt accordé ; pour le reste, je me préparais seule. Il y avait quatre épreuves à passer : russe (écrit et oral), histoire russe, langue étrangère, notées de 0 à 5. Il fallait avoir 19/20 pour être admis – je n'avais aucune chance.

Qui a peur du loup n'aille pas au bois

(proverbe français)

Cependant – miracle ou hasard –, je réussis à obtenir le nombre de points requis et fus admise au département d'études romanes et germaniques, le plus convoité de la faculté. Ce fut le début d'une autre vie.

En prenant connaissance de l'emploi du temps – un tronc commun avec un programme étalé sur cinq ans, la spécialisation ne commençant qu'en troisième année –, je fus éblouie : que de trésors en perspective ! De l'histoire de la littérature antique à celle du XXe siècle, en passant par le Moyen Âge, la Renaissance, les Lumières. L'introduction à la linguistique générale, suivie d'une foule de disciplines linguistiques : la lexicologie, la

grammaire comparée, la philologie germanique et d'autres encore; l'histoire de l'art, l'histoire de la philosophie faisaient également partie du programme. Et les langues! Outre l'anglais, langue principale, le latin, le gotique –dont jusqu'ici j'ignorais même l'existence– le vieil islandais, l'ancien anglais –un régal!

Bien entendu, à côté, tout aussi obligatoire, s'étalait le vaste champ des matières idéologiques: «histoire du Parti communiste de l'union soviétique», «économie politique», «philosophie marxiste-léniniste»,

« communisme scientifique », « esthétique marxiste-léniniste », « athéisme scientifique », et j'en passe. En soi, rien d'étonnant : tout le monde était habitué au fait que pour acheter une denrée rare ou simplement de bonne qualité, on était obligé d'acheter d'office quelques produits dont personne ne voulait, mais que les magasins devaient écouler pour remplir le « plan » : des conserves de poisson immangeables, des pâtes noirâtres... Sans états d'âme, je m'apprêtais à ingurgiter le matérialisme dialectique si tel était le prix à payer pour le bonheur de faire la connaissance du système de conjugaison des verbes gotiques[5]. Bref, après quatre années du régime fait d'algèbre, de trigonométrie et de calcul intégral, les matières énumérées dans l'emploi du temps donnaient le vertige.

---

5. Pour le lecteur qui, contre toute attente, ignore de quoi il s'agit, le gotique est la plus ancienne des langues germaniques, celle des Wisigoths, chérie par des linguistes du fait qu'elle reflète un état très archaïque de ces langues. Il n'existe presque pas de textes rédigés en gotique, le principal consiste en quelques fragments du Nouveau Testament miraculeusement conservés. Apprendre une langue pour pouvoir déchiffrer quelques feuilles – cette pensée avait un je ne sais quoi d'extravagant et d'infiniment séduisant : de l'anti-utilitarisme à l'état pur ! Et aussi l'idée qu'il puisse exister une langue dont il ne subsiste presque pas de traces. Cela faisait penser au paradoxe : que devient une langue

Pourtant, dès le premier jour, j'éprouvai aussi un autre vertige, beaucoup moins agréable, dû à une découverte qui me fit mieux comprendre les réticences de mon père face à mes choix professionnels.

Après la joyeuse compagnie des scientifiques en herbe, vifs et curieux de tout, me voici face à une cohorte de jeunes filles sages, bien élevées et bien-pensantes. À la place des brillants professeurs, dont la complicité avait été si précieuse, des enseignants ternes, distants, parlant la langue de bois. Et dès le premier jour, dès la première heure, des flots de paroles tièdes, des doses de cheval d'endoctrinement idéologique, toutes matières confondues.

Dans cette faculté grouillant de monde, je me sentis soudain seule. Un ami qui m'avait observée à l'époque, racontait plus tard combien il était troublé par mon com-

---

qui n'a pas de forme écrite, lorsque tous ceux qui la parlent s'endorment ? Où et sous quelle forme se conserve-t-elle durant cette éclipse ? Cesse-t-elle momentanément d'exister ? Une question moins futile qu'elle ne le paraît : vu de l'Union soviétique, l'Occident, le monde extérieur, que si peu de gens ont vu de leurs yeux, existait-il vraiment ? Il y avait des moments où je n'en étais pas sûre...

portement. Intrigué par la liberté de certains propos, il les rapporta à ses parents (proches des milieux dissidents), qui le mirent immédiatement en garde : « Méfie-toi : ou bien c'est une imbécile, ou bien c'est une moucharde ! »

Je n'étais pas une moucharde, et heureusement, mon imbécillité n'était pas irrémédiable. Passé le premier désarroi, il me fut clair que je devais apprendre à tenir ma langue, à éviter ce qui pouvait passer pour de la provocation auprès des profs, à faire preuve de prudence à l'égard de mes condisciples. Et aussi à repérer parmi eux ceux qui avaient les mêmes opinions – il y en avait, comme du reste partout ailleurs, simplement ils étaient plus prudents. À la faculté des lettres, ces gens-là étaient une infime minorité, proportion qui devait refléter celle de l'ensemble de la population. Cela me faisait comprendre à quel point mon école mathématique avait été une exception.

À partir de cette première année universitaire se mit en place la perception qui devait prévaloir pendant longtemps, un mélange de peur et de contrainte, d'une part, et de leur antidote, la liberté intérieure, de l'autre – un paysage mental passablement schizophrène. Après la disparition du cocon sécurisant que constituait l'école, le rapport entre « eux » et « nous » n'était plus le même : le « nous » s'était rapetissé et englobait désormais la famille et quelques amis ; le reste, c'était « eux », un tissu de mensonges qui occupait tout l'espace public. Il fallait adopter un comportement permettant de rester soi-même, tout en évitant de se compromettre, et de réduire autant que possible le tribut idéologique à payer, il fallait apprendre à choisir comme directeurs d'études les moins orthodoxes parmi les professeurs, à opter pour des sujets neutres, etc. Tous mes nouveaux amis avaient intériorisé ces règles dès l'école secondaire, à présent je le faisais à mon tour. Mais il était probablement trop tard.

L'emploi du temps affiché dans le hall du bâtiment des sciences humaines la veille de

la rentrée n'avait pas menti : non seulement les merveilles promises nous furent révélées, d'une année à l'autre mais en plus, elles ne cessaient de se multiplier. La littérature médiévale succédait à la littérature antique, la lecture de Chrétien de Troyes à celle d'Aristophane, au gotique s'ajoutait la grammaire historique de l'anglais, et ainsi de suite. Il va sans dire que le matérialisme dialectique emboîtait le pas au matérialisme historique – et ainsi de suite.

Un changement capital fut celui du choix du suédois comme spécialité, et plus généralement le passage aux études scandinaves de plus en plus poussées. Un choix véritablement stratégique, celui-là. Voici de quoi il s'agissait :

Pour maintenir la fiction du plein-emploi, les autorités ne remettaient les diplômes de fin d'études qu'une fois que les intéressés eussent signé l'affectation à un lieu de travail qui leur était proposé – par l'État, l'unique employeur. C'était le moment redouté par tout le monde : on risquait de se faire affecter à des endroits où l'on n'avait nulle envie d'aller pour faire des choses qu'on n'avait nulle envie de faire. À cela s'ajoutait le côté planificateur de l'enseignement supérieur qui parfois coûtait cher aux bénéficiaires.

N'avait-on pas formé dans les années cinquante, à l'époque de la grande amitié avec Mao, une armée de sinologues qui s'étaient tous retrouvés au chômage quand cette amitié avait pris fin ? Un grand spécialiste lusophone n'avait-il pas balayé les rues à Leningrad, faute d'emploi, jusqu'au jour où, dans les années soixante-dix, on éprouva le besoin de former dare-dare une quantité d'étudiants sachant parler le portugais pour disposer d'interprètes lors des avancées soviétiques en Afrique ? Alors, on retrouva le balayeur et on lui donna une chaire[6], racontait-on entre amis.

Je n'avais pas envie de traduire, où que ce soit, dans quelque domaine que ce soit, ni en quelque langue que ce soit, les propos de conseillers soviétiques, et le suédois, dans ce contexte, apparaissait comme un choix judicieux : un pays neutre qui ne semblait pas susciter la convoitise de son voisin russe,

---

6. Le frère de mon grand-père, ingénieur dans l'industrie d'armement, n'avait-il pas passé dix ans de sa vie comme vitrier, après avoir été licencié pour des propos libres ? (C'étaient les années les plus heureuses de sa vie, disait-il, il n'avait de comptes à rendre à personne.) Au moment de la guerre, on s'était souvenu de lui, il fut réintégré à son travail et se mit à fabriquer les chars dont l'Armée rouge avait grand besoin.

protégé en outre par le pare-chocs que constituait la Finlande, voilà qui pouvait faire mon affaire... J'avais tant de fois raconté et même écrit cette histoire, pour répondre à la question fréquemment posée « Mais pourquoi les langues scandinaves ? », qu'elle finit par se figer en une formule, amusante peut-être, mais trop incomplète. Il y avait bien sûr d'autres raisons, non moins importantes : l'intérêt pour les langues germaniques, l'engouement ambiant pour des auteurs comme Astrid Lindgren, les œuvres de Strindberg, de Lagerlöf, que je lisais en russe, tout cela a joué un rôle – mais le fait qu'en choisissant les matières universitaires, une étudiante de 17 ans éprouve la nécessité de tenir compte des visées géostratégiques de son gouvernement me semble assez significatif pour mériter une petite histoire.

De la même façon qu'en achetant un kilo de sarrasin, on devait obligatoirement emporter deux boîtes de conserves de *bytchki*[7] à la sauce tomate, le passage au suédois entraîna l'obligation d'apprendre le danois et l'allemand, pour parfaire la culture germa-

7. À propos de ces *bytchki* à la sauce tomate, qui ont traversé toute l'ère soviétique, étant une des rares denrées toujours disponible, c'est seulement en

nique. Et, comme à cette époque je gagnais déjà quelques sous en donnant des cours privés d'anglais, j'étais en mesure de m'offrir un cadeau : me payer autant de leçons de français, langue que j'avais envie d'apprendre, sans bien savoir à quoi ça pourrait servir.

Natalia Nikolaïevna (je ne me rappelle pas son nom de famille – l'ai-je jamais su ? – mais de son prénom et patronyme, si : c'étaient ceux de la femme de Pouchkine) était une vieille dame qui recevait chez elle, dans une pièce d'appartement communautaire. Elle n'avait jamais mis les pieds en France, son français devait être un héritage familial (encore un !) qui lui permettait à présent d'arrondir sa retraite, misérable comme la plupart des retraites en union soviétique. Sa clientèle se composait principalement d'élèves en difficulté, pas vraiment motivés et probablement pas très doués pour les langues. Elle était donc contente d'avoir af-

---

écrivant ce passage que je me suis demandé : « mais de quel poisson s'agit-il au juste ? » Une rapide recherche apporta la réponse que j'aurais pu deviner : il s'agit d'un poisson inexistant ! Plus exactement, d'un terme désignant tous les poissons de petite taille. Logique : quand, à l'époque soviétique, on faisait les courses, on demandait « 200g de fromage », « une livre de saucisson », nul besoin de préciser d'avantage.

faire à quelqu'un qui venait de son propre gré et qui disposait par surcroît de bases telles que le latin et quelques connaissances en linguistique qui facilitaient l'apprentissage.

Le français « familial » qu'elle m'enseignait avait peu à voir avec le « vrai » français ; ça venait d'une autre époque, puisait à d'autres sources. Nous cheminions à travers les tables de conjugaison, les exercices de grammaire et les dialogues du « Mauger bleu » (inoubliables volumes que des années plus tard je reconnus avec surprise et tendresse sur un étal de bouquiniste à Copenhague...) Assez vite, je fus capable de lire et même de comprendre, à condition qu'on parlât lentement. De parler moi-même il n'était pas question, car toutes mes connaissances provenaient des lectures : Proust – que je lus à cette époque, une fois sans comprendre grand-chose, puis une autre fois en comprenant presque tout – me fut très utile. Mon autre grand favori était Racine.

Les lectures en français formaient un minuscule ruisseau à côté de deux grands fleuves parallèles : les ouvrages obligatoires des cours de littérature et le samizdat. Eschyle avoisinait Soljenitsyne. Le caractère imprévisible et aléatoire des lectures interdites contrastait avec le principe systématique et chronologique affirmé et revendiqué à l'université : l'Antiquité, le Moyen Âge, la Renaissance... Une frise magnifique qui se déployait d'une année sur l'autre. Mais à mesure qu'on s'approchait de l'époque contemporaine, les lacunes se multipliaient : pas de Musil, pas de Borges, pas de Faulkner, si je ne m'abuse. Qu'importe, on était désormais capable de lire ces auteurs dans le texte original ! Ils n'étaient pas interdits, simplement non-traduits et difficilement trouvables. Toutefois, il y avait les bibliothèques et les bouquinistes (ces derniers, il est vrai, beaucoup trop chers pour les étudiants) ; en outre, ça valait le coup de passer de temps à autre à la grande librairie *Droujba narodov* (Amitié des peuples), rue Gorki, approvisionnée en livres provenant des « pays-frères » : on y trouvait parfois des dictionnaires et surtout des jolis petits volumes reliés en toile de *Deutsche Klassiker* édités en RDA[8].

En ces années-là, mes lectures autorisées étaient presque exclusivement littéraires, pas d'essais, pas d'ouvrages d'histoire. L'Histoire

---

8. Les cinq volumes bleu azur des œuvres complètes de Heine – avoisinaient, dans notre bibliothèque fami-

était en revanche omniprésente dans les livres du samizdat, pour ainsi dire parallèlement avec les cours d'histoire de l'URSS à l'université. En assistant à ces cours, je savais pertinemment que pas un mot de ce que j'y entendais n'était vrai. Une litanie de congrès du parti, dont il fallait apprendre par cœur les résolutions – pour les effacer de la mémoire aussitôt après avoir quitté la salle d'examen. Si aujourd'hui je sais qu'il y en a eu au moins vingt-six, c'est grâce au samovar qui trône dans ma cuisine, décoré d'une pe-

---

liale, les œuvres complètes (en russe, cette fois-ci) de Jack London (14 vol.), de Dickens (33 vol.), de Galworthy (18 vol.), etc. Il en allait des bibliothèques des particuliers comme des achats des denrées alimentaires : on prenait ce qu'on trouvait ; et comme les maisons d'édition voulaient à tout prix éviter les ennuis que pouvait entraîner la publication d'auteurs vivants dont on ne savait jamais à quoi on devait s'attendre (quelle mouche a pu piquer ce Heinrich Böll, qu'on avait pourtant traduit et publié en abondance, pour qu'il ouvre sa maison au traître Soljenitsyne ?), on préférait s'en tenir aux classiques : pas de risques de déclarations antisoviétiques de la part de Madame de Lafayette. Les classiques constituaient une valeur sûre, et par ailleurs, les œuvres complètes permettaient de remplir le plan sans trop de peine – rien d'étonnant à ce qu'on trouvât chez tout le monde à peu près les mêmes livres. Celui qui voudrait savoir à quoi ressemblait la bibliothèque d'un citoyen soviétique lambda, n'a qu'à faire un tour au Moulin d'Aragon à Villeneuve : celle d'Elsa Triolet contient aussi bien Jack London que Dickens...

tite inscription en relief : « Le XXVIe congrès du PCUS ».

Le bilan de ces années était néanmoins celui d'un prodigieux élargissement : un royaume où l'État ne pouvait pas mettre ses pattes et auquel on avait désormais accès grâce à la possibilité de lire les ouvrages dans l'original, à condition, bien entendu, de pouvoir se les procurer. Paradoxalement, si jadis un livre étranger lu dans le métro pouvait attirer à son propriétaire des ennuis sans fin, plus tard, au contraire, il offrait un abri contre les regards indiscrets, sans éveiller de soupçons. Protégée par l'ignorance linguistique ambiante, réfugiée à l'intérieur des frontières de ce royaume, je me sentais en sécurité, tandis que ce qui se passait dans la réalité ne faisait qu'alimenter la peur.

Cette peur s'alimentait surtout à cause du hiatus, qui se faisait sentir à chaque instant, entre les apparences que se donnait le paradis socialiste et sa vraie nature, oppressive et brutale. Plus je lisais, plus cela devenait pesant. Au quotidien, la violence consubstantielle au régime se traduisait par l'extrême agressivité des gens. Dans les lieux publics, des magasins aux transports en commun, l'atmosphère était irrespirable. Tous les étrangers en témoignaient, certains de mes amis russes y étaient sensibles. Pour aller à l'école et plus tard à l'université, je devais traverser toute la ville (d'une superficie, rappelons-le, de mille kilomètres carrés, dix fois plus grande que Paris). Il fallait changer de transport plusieurs fois : bus-métro-bus-trolley. Les attentes, les bousculades, les foules qui prenaient d'assaut ces bus délabrés, les visages fermés, les paroles rudes, le sentiment de se trouver sur une poudrière : le moindre geste, le moindre mot jugés offensifs – et ça exploserait. Cela n'avait rien à voir avec le sentiment d'insécurité « ordinaire » : il m'arrivait de rentrer à la maison tard dans la nuit, seule, sans la moindre appréhension, je n'avais peur ni des ivrognes ni des voyous, à Moscou comme ailleurs (à la tranquillité de mon esprit contribuait le fait que les statistiques sur la criminalité constituaient un secret d'État et n'étaient jamais rendues publiques).

Ma peur avait un caractère nettement politique, et elle était si grande qu'elle avait annihilé toutes les autres peurs. J'avais peur de l'État, pas des individus. Encore moins de la nature, de la solitude qu'elle peut engendrer ; je pratiquais des sports dangereux, entrepre-

nais des voyages risqués, me retrouvais dans des situations parfois dramatiques, étais souvent effrayée – mais la peur ? C'était autre chose.

Paradoxalement, aussi néfaste qu'elle fût pour l'équilibre psychique de l'individu, la pression politique favorisait également une certaine robustesse. Une sorte de péréquation devait y avoir lieu, car les réserves de la peur chez un être humain ne sont pas inépuisables : on ne peut pas avoir continuellement peur de tout, et dans les cas où l'État exerce une pression trop forte, il finit par monopoliser la peur, de sorte que d'autres domaines y échappent. Un phénomène du même ordre que le bas taux de suicides dans les camps : l'homme y était trop occupé par ses efforts pour survivre pour songer à se supprimer, même dans des conditions où les souffrances étaient telles que la vie ne semblait plus valoir la peine d'être vécue. Aujourd'hui encore, en Russie, ce legs du passé se fait sentir : le peu de succès de la psychanalyse, des psychothérapies (sinon comme phénomène de mode qui ne concerne qu'une infime minorité) en témoignent (même s'il est vrai que la boisson est un concurrent redoutable pour les avatars du gourou viennois). La formule de Brodsky au sujet de sa génération : « … nous n'étions pas vraiment troublés par nos fantasmes – nous devions faire face à trop de réel » reste vraie pour toutes les autres. Ce faible besoin d'introspection dans une société habituée à voir dans l'être humain avant tout un être social est l'héritage de la longue tradition qui accorde aux problèmes personnels moins d'importance qu'aux problèmes collectifs, c'est-à-dire politiques. Un trait que les adversaires du régime partageaient avec ses partisans. Chez ces derniers, les épouses d'ivrognes et les femmes délaissées saisissaient le bureau du parti sur le lieu du travail du mari pour lui demander d'intervenir et de remettre l'époux égaré dans le droit chemin. Chez les premiers, la persistance de l'opposition entre « nous » et « eux » engendrait un sentiment que ce clivage importait davantage que les idiosyncrasies personnelles, qu'on devait rester unis face à « eux ». (Sentiment qui expliquait également le refus de reconnaître, sur un plan plus général, les divergences entre l'Europe et les États-Unis, la conviction qu'il fallait à tout prix se tenir à un dénominateur commun.) En revanche, pas de compromis avec les « adversaires idéologiques » : impensable, un mariage entre une jeune femme aux idées contestataires et un activiste du komsomol, ou vice versa – c'était vraiment deux races, deux espèces incompatibles. C'est dire à quel point la société était politisée.

Ma peur de l'État était si grande qu'elle s'était substituée à toutes les autres formes de peur. Je savais qu'il pouvait tout faire, gâcher d'une façon irrémédiable la vie à moi-même et à mes proches. Le courage, lorsqu'il n'est pas inné, peut être le résultat du dénuement : celui qui n'a plus rien à perdre cesse parfois d'avoir peur. J'en étais très loin : les amis, les études, les lectures, les concerts, les fêtes – comment y renoncer ? Je savais qu'en un clin d'œil je pouvais être privée de tout cela, que face à l'État j'étais impuissante. Naturellement, cela ne se voyait pas de l'extérieur, on ne vivait pas à une époque de la vraie terreur, comme celle qui, dans les années trente, quarante et cinquante, empêchait les gens de dormir la nuit, les faisant écouter anxieusement les bruits des voitures qui s'arrêtaient en bas de leur immeuble, de l'ascenseur qui montait... Une fois, pourtant, j'ai connu cette peur-là, et curieusement, pas à cause de quelque événement qui se serait produit dans la réalité, mais – une fois de plus – par le biais de la littérature, en lisant un bouquin.

C'était *1984* d'Orwell. Un jour, je me trouvais à la maison, en train de lire dans ma chambre – je ne sais plus s'il s'agissait d'une version originale ou d'une traduction russe qui circulait en *samizdat* –, lorsque soudain je compris que je n'arrivais plus à séparer la fiction de la réalité. La peur décrite par l'auteur avait envahi la pièce, en imprégna l'air. Terrorisée, je regardai la porte, jetai un coup d'œil effrayé au téléphone, eus envie de le débrancher, comme pour empêcher qu'« eux », « là-bas », lisent mes pensées, sachent mes lectures...

« Palliant notre brève existence ici-bas, l'art arrive à véhiculer d'un individu à l'autre le poids

d'une longue expérience, tout entière, avec ses peines, ses couleurs, ses sèves, réincarnant cette expérience, permettant de la faire sienne. L'art, la littérature, voici le seul moyen de s'approprier l'expérience qu'on n'a pas vécue soi-même», écrivait dans les années soixante-dix Soljenitsyne – difficile de dire mieux. Difficile également de réellement se souvenir de la peur : pas du fait d'avoir eu peur, mais de la sensation en tant que telle ; comme celle de la douleur physique, une fois passée, elle ne se laisse pas retenir. J'ai du mal à me souvenir de ma peur en tant que telle ; les rares occasions où j'arrive à m'en approcher, c'est toujours par le biais de la littérature, en relisant des dystopies : *La Kallocaïne* de Karin Boye, *Nous autres* de Zamiatine, *The Brave New World* de Huxley. Ainsi que lors du contrôle des passeports à Cheremetièvo[9].

*

Ma grand-mère ne commentait pas les ouvrages interdits qu'on lisait à la maison, ne

---

9. Combien de ceux qui ont dû passer ce contrôle à l'époque soviétique en gardent des séquelles qui colorent leur perception encore des années plus tard ? « ... le moment où le tampon est apposé dans [le] pas-

les comparait pas à ses propres expériences. En tout cas, pas en ma présence. Du reste, on ne menait pas de discussions littéraires dans ma famille, se contentant de signaler si tel ou tel livre était bon ou mauvais. Le quotidien absorbait une grande partie du temps et de l'énergie ; mes parents et moi, nous avions de longs trajets à faire, chacun passait près de trois heures dans les transports en commun. Ma mère, qui travaillait dans un institut de recherches lié au ministère de la Défense, avait les horaires les plus stricts, partait tôt et rentrait tard, exténuée (pour s'occuper du ménage et de ma petite sœur). Et de toute façon, j'avais alors des interlocuteurs qui me semblaient plus intéressants que ma grand-mère : mes amis, dont le cercle s'élargissait.

seport, marquant le témoignage de la frontière, constitue le véritable debut du voyage – c'est pourquoi cette action [...] remplit de gratitude. Les gardes-frontières russes des deux sexes n'ont pas l'habitude (la consigne ?) de souhaiter bon voyage à leurs concitoyens ; ils se contentent d'un laconique "passez !". On leur répond par un "merci" courtois, parfois même légèrement obséquieux. Un signe de tête reconnaissant, un léger soupir de soulagement. Les citoyens voyageurs éprouvent de la vraie reconnaissance à se voir gratifier d'un tampon autorisant le départ. » (Katia Metelizza, *Nouvel Abécédaire russe*)

De cette époque d'inattention et de négligence de ma part date la rédaction de ses mémoires. Je me souviens des circonstances : les vacances d'été à la campagne, j'ai 19 ans, on loge dans un petit hôtel de l'Institut de la Biologie des Eaux-douces : une sorte de campus au bord du Réservoir de Rybinsk, une « mer » artificielle à quatre cents kilomètres de Moscou, un de ces oasis scientifiques, en pleine forêt, inaccessible à la population locale qui vivait dans la misère, tandis qu'à l'intérieur de ces ghettos on ne manquait de rien (selon les critères soviétiques, bien entendu), à un point tel que mon père avait même obtenu l'autorisation d'y amener un jour un collègue français, avec sa famille – un troupeau de rhinocéros n'aurait pas produit une impression plus forte sur les autochtones : « De vrais étrangers ! toute une famille ! Regardez-les ! ». Pour la famille française (de leur passage datait *Le Petit Larousse*, tout neuf, la dernière édition – mon premier livre français !), l'exotisme devait être tout aussi grand, je ne le compris que plus tard. L'institut en question était installé dans un ancien manoir, une imposante bâtisse passablement décrépie, entourée de ce qui autrefois devait être un parc. Il y avait même une bibliothèque, pour les employés, en partie assez ancienne : je me souviens des *Vies des peintres* de Vasari en plusieurs volumes, sûrement une édition d'avant 1917.

Dans cette bibliothèque, j'ai d'ailleurs volé un bouquin : *Dans les tranchées de Stalingrad* de Viktor Nekrassov. Un roman certes orthodoxe, mais honnête et bien écrit, couronné à sa parution en 1947 du Prix Staline. Entre-temps, l'auteur était entré en dissidence, avait fini par émigrer (en France, à Paris, où il est mort en 1987) et ses ouvrages furent retirés des bibliothèques. En tombant sur un exemplaire à la bibliothèque de l'institut, je savais que sa disparition n'était qu'une question de temps, les directives arrivant avec retard dans ce coin perdu. Sans le moindre scrupule, je décidai de le garder – je ne me souviens pas avoir volé d'autres livres, ni en Russie ni ailleurs.

L'été en question, mon père travaillait, ma petite sœur jouait, je m'occupais de la grammaire suédoise – et pendant ce temps, ma grand-mère rédigeait ses mémoires. Je ne sais pas si tout a été écrit pendant l'été ou bien si elle avait continué à notre retour à Moscou. Je ne sais pas non plus à quel moment elle les a détruits, ni ce qui l'avait poussée à le faire. Un mauvais rêve, un de ses cauchemars qu'avaient fréquemment les anciens détenus qui imaginaient qu'on venait les arrêter une nouvelle fois ? Ou bien, tout simplement, le sentiment d'inutilité, la pensée que personne n'avait besoin de son récit ? Cette dernière hypothèse me trouble le plus, car je crois qu'aussi bien mon père que moi-même, nous ne lui avions pas manifesté assez d'intérêt, ne l'avions pas encouragée à poursuivre. Pourtant, nous étions au courant... Plus tard, mon père avait dactylographié la partie qui avait échappé à la destruction et m'avait fait cadeau d'un exemplaire.

*

Autant à l'école mathématique les enseignants formaient une galerie de personnages hauts en couleur, autant à l'université les professeurs étaient ternes et interchangeables. Les linguistes accusaient toutefois un peu plus de relief que leurs collègues littéraires. Leurs disciplines étaient plus neutres, moins imbibées d'idéologie, ils pouvaient se permettre plus de spontanéité et une relative liberté, de sorte qu'une analyse des schémas métriques de *Beowulf* était de loin plus pas-

sionnante qu'un cours sur la *Comédie humaine*, où le professeur était tenu de relever les traits du réalisme critique chez Balzac, avant de stigmatiser le peu d'importance accordée à la lutte des classes.

Pas étonnant que les deux seuls personnages d'envergure rencontrés dans les murs de l'université ne fassent pas partie du corps professoral à proprement parler, mais étaient chargés de cours facultatifs, fréquentés par une petite poignée d'étudiants. L'un était Russe, l'autre Anglais.

Aaron Gourévitch, historien médiéviste, détesté par les autorités qui étaient obligées de le tolérer à cause de sa renommée mondiale, ne fut jamais autorisé à enseigner aux futurs historiens; en revanche, il put, pendant quelques années, avoir un petit séminaire à la faculté des lettres. Une fois par semaine, il entrait dans la salle, s'asseyait, lisait son cours, s'en allait – et son passage s'apparentait à une de ces illuminations dont il nous parlait à propos des visions médiévales: l'horizon s'élargissait, les clichés et les lieux communs étaient balayés, on assistait à un miracle: un homme parfaitement affranchi – par l'intelligence, la réflexion, la volonté de penser par soi-même – disait des choses à la fois simples et profondes, et surtout entièrement vraies... Il ne réfutait pas les dogmes, ne polémiquait avec personne, sa présence dans ce bastion idéologique était en elle-même une réfutation. Par la suite, ayant pu le fréquenter hors du cadre académique, j'étais chaque fois éblouie par la noblesse de sa pensée et de tout son être, et lorsque, des années plus tard, j'eus l'occasion de traduire en français quelques-uns de ses écrits, j'avais le sentiment d'accomplir un devoir, de rendre ne serait-ce qu'une parcelle de ma dette à l'égard de l'homme qui jadis avait incarné l'idée même de liberté intérieure.

Peter Tempest, lui, venait nous parler de la poésie anglaise – en anglais, chose inhabituelle, car même à l'université de Moscou, première université du pays, il n'y avait presque pas d'étrangers : les lecteurs étrangers étaient rares, et pour les langues dites « rares », rarissimes. Tout était fait par des Russes qui, le plus souvent, n'avaient pas mis les pieds dans le pays dont ils enseignaient la langue, la littérature, la civilisation. Cela n'empêchait pas certains d'entre eux d'avoir une excellente connaissance de leur matière ni d'être de bons pédagogues. Mais c'étaient des Soviétiques, produits du même moule éducatif, vecteurs du même champ idéologique, totalement extérieurs à la matière qu'ils enseignaient. Dans la personne de Tempest, c'était l'Occident qui faisait son entrée.

Il procédait de la même façon qu'Aaron Gourevitch – entrait, délivrait son cours, s'en allait – à cette différence près qu'il préférait parler debout et ne lisait jamais un texte écrit à l'avance. Il récitait et commentait des poèmes, dans un anglais qui sonnait comme de la musique, faisait preuve de finesse et d'intelligence. Et aussi d'une extrême prudence : jamais une digression, jamais une allusion politique, jamais une remarque ambiguë. Jamais non plus le moindre contact avec l'auditoire, pas la moindre conversation après le cours. Les consignes qu'il avait dû recevoir étaient certainement très strictes[10].

*

Je ne saurai dire si ma fascination à l'égard des étrangers date de cette époque, c'est possible. Dans l'univers soviétique, un Occidental faisait figure d'un extraterrestre, et chaque rencontre avec un tel personnage constituait un événement.

L'intérêt suscité par ces envoyés du monde libre était d'autant plus grand qu'ils se trouvaient en URSS comme dans un état d'apesanteur, les lois de la gravitation soviétique ne s'appliquaient pas à eux. Ils vivaient regroupés dans des immeubles surveillés, dont l'entrée était interdite aux Soviétiques, ils avaient leurs ambassades, également

---

10. Nous ne sûmes que plus tard qu'il ne s'agissait pas seulement de consignes mais d'opinions convergentes : Peter Tempest avait été correspondant du Morning Star, organe des communistes britanniques – nous aurions pu nous en douter, mais nous préférions ne pas chercher à savoir, nous tenions à voir en lui un « vrai » Occidental, pas un des « leurs ».

inaccessibles au commun des mortels, qui pouvaient les protéger, et surtout ils étaient libres de quitter le pays, de s'en aller à tout moment, tandis que nous autres, nous étions à jamais condamnés à demeurer sur place. Leur liberté se faisait sentir de mille façons, même à leur insu. Raison pour laquelle un Occidental se faisait immédiatement repérer dans la rue, moins à cause de sa tenue qu'à cause de son allure, de l'expression de son visage, de sa façon d'« être » : les citoyens soviétiques flairaient les étrangers (parfois pour courir aussitôt en informer la police) avant même qu'ils ouvrent la bouche.

Leur compagnie exerçait une attirance irrésistible : parler une autre langue signifiait déjà se dérober un peu à la surveillance de l'État omniprésent. Parler d'une autre façon, parler sur des sujets inhabituels. Parler littérature. Parler politique.

Paradoxalement, je ne questionnais pas mes interlocuteurs sur la vie en Occident. D'une part, parce que c'était quelque chose de trop abstrait, trop irréel, trop incompréhensible, et d'autre part, parce que cela ne me concernait pas. À quoi bon connaître le système électoral en France ou le prix des loyers à Londres, si de toute façon je n'avais jamais affaire ni à l'un ni à l'autre ? Il y avait sans doute un grain de dépit amoureux dans ce manque de curiosité à l'égard de la réalité occidentale. La même attitude explique probablement mon refus de suivre l'exemple de ceux qui essayaient d'obtenir l'autorisation pour un voyage, touristique ou professionnel, dans un pays de l'Est. Là aussi, c'était un parcours de combattant, et les heureux élus étaient rares ; pour moi, il n'en était pas question : voir une « Europe de substitution » ? Devoir, en plus, rougir face aux Polonais, aux Hongrois et autres Tchèques, auxquels nous avons à tel ou tel moment apporté de l'aide fraternelle au moyen de nos chars ? (Curieusement, dans ce cas, je me sentais comme faisant partie de ce « nous » que normalement je récusais : solidairement coupable.) Non, merci. Je savais que si un jour je franchissais la frontière de l'union soviétique, ce ne serait pas pour visiter la Bulgarie, cette « seizième république soviétique », comme on l'appelait. Ni d'ailleurs, aucun autre pays-frère.

Plutôt parler littérature, échanger des avis sur un auteur ou un livre, évoquer des questions plus générales. C'était intéressant en soi et aussi, d'une certaine manière, réconfortant : malgré nos situations si différentes, nous faisions partie de la même espèce, ayant lu les mêmes livres, nous nous intéressions aux mêmes sujets.

Par ailleurs, j'étais infatigable dans mes tentatives de décoder et d'expliquer la réalité soviétique, le fonctionnement du régime, de montrer à mes interlocuteurs occidentaux ce qui se trouvait au-delà des apparences, l'horreur derrière la grisaille, la misère, l'injustice. Témoigner, certes. Mais également me libérer un peu du poids d'une réalité oppressante, en la nommant, en la décrivant, en l'analysant – surtout dans une autre langue, ce qui permettait d'avoir une distance, de mieux conceptualiser.

En décryptant ce réel, je cherchais à transmettre l'expérience qui leur restait inaccessible, malgré leur présence sur place, du fait que, libres de naissance, ils ne pouvaient pas en saisir certains aspects, y compris l'essentiel : l'impossibilité de se soustraire à ce cauchemar. Et de la même façon, née « en captivité », j'essayais de goûter à la liberté pour ainsi dire par procuration, pendant les instants où je parlais leur langue, grâce aux enclaves que formaient de telles rencontres, ces zones de « franchise linguistique ».

Des instants de liberté chers payés, puisque suivis d'accès de panique. Car si apprendre les langues était une activité parfaitement licite, les *pratiquer* ne l'était toujours pas. En tout cas, pas s'en servir pour entrer en contact avec des étrangers. Certes, là aussi, la situation avait évolué, on n'était plus à l'époque où les gens, comme les parents de Brodsky, faisaient leur possible pour oublier les connaissances autrefois acquises. J'étais fière des miennes et n'aurais jamais songé à les dissimuler[11] ; il n'empêche, chaque rencontre de ce genre était suivie d'angoisse. Et si nous avions été écoutés, s'il y avait des micros, si ça avait été enregistré ? Cela avait un nom : « propagande antisoviétique », et l'on se faisait expulser de l'université pour moins que ça. Et si j'étais… non, pas arrêtée, je n'y croyais pas, on n'était plus sous Staline… mais convoquée au KGB ? Qui ferait du chantage pour m'obliger à moucharder ? La peur qui m'envahissait était une sorte de

11. Tout est relatif : alors qu'à mes yeux l'apprentissage des langues était une activité parfaitement légitime, pour ne pas dire droit inaliénable, je lus un jour avec stupéfaction la lettre d'un ancien détenu politique, ami de ma grand-mère, dans laquelle il me parlait du « grand privilège » qu'étaient ces études, signe de libéralisation incontestable.

peur « préventive », nourrie par les lectures et par la conscience de ma propre faiblesse : je savais qu'il devait y exister des moyens de pression auxquels je ne serais pas capable de résister. Chaque fois, je me jurais de ne plus recommencer, de mieux tenir ma langue, de n'évoquer que des sujets littéraires et artistiques – et chaque fois l'histoire recommençait.

Quels étaient les étrangers que je fréquentais à Moscou à la fin des années soixante-dix ? Ils n'étaient guère nombreux : quelques scientifiques, collègues de mon père (comme il n'était pas autorisé à voyager, les étrangers

s'arrangeaient pour venir le rencontrer à Moscou), quelques connaissances des connaissances, quelques slavisants engagés comme lecteurs. Rarement des journalistes, jamais des diplomates – c'était trop dangereux. Tous étaient bouleversés par ce qu'ils découvraient en union soviétique, même s'ils s'efforçaient à minimiser leur réaction – après tout ils étaient nos hôtes –, et d'éviter des discussions politiques trop poussées.

À côté de cela, il y eut quelques rencontres insolites avec des représentants d'une catégorie bien particulière, expérience à la fois amusante et affligeante : un jour, alors que j'étais en quatrième année, je fus réquisitionnée pour faire l'interprète auprès des vieux communistes suédois qui venaient à Moscou sur l'invitation du Comité central du PCUS se reposer après le rude combat pour les droits des travailleurs qu'ils menaient dans leur pays. Tous des représentants du *Vänsterpartiet kommunisterna*, l'aile dure du mouvement communiste suédois.

Reçus comme des princes, dorlotés, soignés, divertis, ils trouvaient que le paradis socialiste correspondait exactement à la représentation qu'ils s'en étaient faite. Ici, on mangeait mieux (dans les restaurants réservés à la *nomenklatura*, dont les Moscovites ne soupçonnaient même pas l'existence en passant devant eux dix fois par jour : ils n'avaient pas d'enseignes) et pas cher (plus exactement gratis : c'était le Comité Central qui payait), on était mieux soigné (gratuitement, à l'hôpital du Kremlin), le transport était plus confortable (les Volga noires étaient à leur disposition jour et nuit), on se divertissait agréablement (tous les soirs au *Bolchoï* : une rangée de fauteuils d'orchestre était toujours réservée, au cas où), on se reposait confortablement (dans le sanatorium du Comité Central en Crimée, ancien palais des tsars) – leur émerveillement était sans bornes. Je les accompagnais au restaurant, au Bolchoï, en Crimée, et comme aucun d'entre eux ne parlait de langue étrangère, j'étais leur seul lien avec le monde extérieur, aussi bien lorsqu'il s'agissait d'une consultation médicale que quand il fallait leur chuchoter à l'oreille la traduction des airs d'un opéra donné au Bolchoï. Évidemment, je ne pouvais m'empêcher d'essayer de leur faire comprendre un tant soit peu ce qui se passait à l'extérieur de leur boule de verre, on restait ensemble des journées entières, des occasions ne manquaient pas. C'était peine perdue : ils ne comprenaient rien, ne voulaient rien comprendre ; en venant en union soviétique, ils voyaient leur rêve réalisé et ils s'y accrochaient de toutes leurs forces. J'avais beau leur parler des conditions de vie, des logements exécrables, de la pénurie endémique, des salaires de misère, ils me répondaient par « Mais regarde comme le chocolat est bon marché, beaucoup moins cher que chez nous ! » et me fourraient dans les poches des tablettes par dizaines. Ils m'aimaient bien, mais ils ne croyaient visiblement pas un seul mot de ce que je leur racontais.

C'était une expérience marquante. J'avais l'impression de fréquenter des animaux préhistoriques : en Russie, depuis longtemps, les communistes militants ne couraient plus les rues. Les jeunes étaient plutôt des carriéristes cyniques, les vieux n'avaient pas besoin d'argumenter pour défendre leurs convictions, personne ne songeait à les contester. Qu'il puisse y avoir – en Occident ! – des personnes qui, sans être des débiles mentaux et ayant accès à toutes les informations, aient des convictions communistes, je n'arrivais pas à le comprendre, cela me dépassait.

*

La situation devenait intenable. Il était clair que je n'avais pas d'avenir en URSS : au lieu de l'accoutumance, un malaise toujours grandissant, la conscience de plus en plus aiguë de l'impossibilité de vivre en marge de la société et en même temps la répugnance toujours plus forte de « jouer à ces jeux-là », l'impossibilité de « participer au mensonge », pour employer la formule de Soljenitsyne, joints à la certitude de ne pas avoir l'étoffe pour défier le régime. Et la peur engendrée par ce constat.

Il m'arrivait de me demander mélancoliquement : si je savais bien nager, prendrais-je le risque de traverser la mer Baltique pour atteindre quelque côte hospitalière ? Ou, mieux encore, la mer Noire, l'eau y est moins froide ? Des questions gratuites : je nageais très mal...

Une convergence des circonstances extérieures et intérieures (le mariage) changea tout à coup la donne. Il était désormais possible de quitter le pays d'une façon légale. Je n'hésitai pas une seconde : changer de vie, changer de pays, changer de langue – quelle perspective ! Après avoir longtemps écarté l'idée même des procédés administratifs permettant de faire un voyage dans quelque pays socialiste, j'entamai, serrant mentalement les dents, les démarches obligatoires, un redoutable dédale administratif inventé pour décourager les éventuels candidats au départ, un parcours semé d'embûches et qui prenait des mois, soutenue par la pensée que je le faisais une seule fois, pour un résultat définitif.

Puis arriva le jour où, munie d'un passeport fraîchement délivré et comportant le visa français, je franchis le seuil de l'agence d'Aeroflot qui vendait les billets pour l'étranger et à laquelle les citoyens soviétiques n'avaient pas accès : un vigile était posté devant l'entrée. Je tendis mon passeport à l'employée et demandai un billet pour Paris, en indiquant la date.

— Et pour le retour ? s'enquit-elle.

Ce fut seulement à cet instant que l'étau se desserra d'un cran : soudain, je me rendis compte que ce qui se passait n'était pas un rêve, qu'il y aurait réellement un jour où la peur aurait disparu et que ce jour était désormais tout proche. Avec un sourire épanoui qui me valut un regard suspicieux de la dame – à l'époque on ne souriait pas souvent dans les lieux publics, encore moins dans des lieux comme celui-ci – je répondis (une réponse qui fit tourner dans ma direction les têtes de tous les autres employés) :

— Un aller simple !

Table

ПОЧТ

Адрес отправителя

ПРОСМОТРЕНО
...АЯ КАРТОЧКА
...енной цензурой
04289

Куда Уфа...
Крекин...
п/о 26 довос...

Кому Эль...
М. Н...

...огда Совет. пр...

Achevé d'imprimer en mai 2013 sur rotative numérique Prosper
par Sagim à Nanterre (Hauts-de-Seine)
pour le compte des éditions Michel de Maule.
Sagim est une marque de l'imprimerie Soregraph

Dépôt légal : juin 2013
N° d'impression : 13352

Imprimé en France

L'imprimerie Sagim est titulaire de la marque
Imprim'vert® depuis 2004